SUSAN BILLMARK & MATS BILLMARK

LERNE ZU LEBEN

mosaik

Susan Billmark & Mats Billmark

LERNE ZU LEBEN

EINFACH & SORGENFREI

Aus dem Schwedischen
von Christine Heinzius

mosaik

Der Verlag weist ausdrücklich darauf hin, dass im Text enthaltene externe Links vom Verlag nur bis zum Zeitpunkt der Buchveröffentlichung eingesehen werden konnten. Auf spätere Veränderungen hat der Verlag keinerlei Einfluss. Eine Haftung des Verlags ist daher ausgeschlossen.

Wir haben uns bemüht, alle Rechteinhaber ausfindig zu machen, verlagsüblich zu nennen und zu honorieren. Sollte uns dies im Einzelfall aufgrund der schlechten Quellenlage bedauerlicherweise einmal nicht möglich gewesen sein, werden wir begründete Ansprüche selbstverständlich erfüllen.

Dieses Buch ist auch als E-Book erhältlich.

MIX
Papier aus verantwortungsvollen Quellen
FSC® C014496
FSC www.fsc.org

Verlagsgruppe Random House FSC® N001967

1. Auflage
Deutsche Erstausgabe August 2016

Originaltitel: Lär dig leva. Mindre stress – Mer närvaro
Originalverlag: Inre Hälsa Förlag AB
Dieses Werk wurde vermittelt durch die Literarische Agentur
Thomas Schlück GmbH, 30827 Garbsen.
Umschlag: *zeichenpool, nach einer Vorlage von
Mattias Billmark und Julia Billmark
Umschlagfoto: Joachim Grusell und Julia Billmark
Redaktion: Edigna Hackelsberger
Satz und Layout: Buch-Werkstatt GmbH, Bad Aibling
Druck und Bindung: GGP Media GmbH, Pößneck
Printed in Germany
MZ · Herstellung: IH
ISBN 978-3-442-39306-0

www.mosaik-verlag.de

Für Julia

Unsere geliebte Tochter
und Inspirationsquelle.

INHALTSVERZEICHNIS

VORWORT

Ich bin ein enger Freund von Mats, Susan und ihrer Tochter Julia und habe mich sehr gefreut, als sie mich gebeten haben, ihr Buch zu lesen.

Ich weiß, welchen Kampf sie gemeinsam durchgestanden haben und dass ihr Weg zurück zu Lebensfreude und Harmonie eine Quelle der Weisheit für uns alle ist.

Mit solchem Mut sich selbst und einander in die Augen zu sehen und zu wagen, aufrichtig um Hilfe von außen zu bitten, ist für mich ein Zeichen von großer innerer Stärke.

Da ich das Privileg habe, ihre innersten Gedanken zu teilen, weiß ich sicher, dass ihr Buch vielen Menschen Hilfe und Kraft spenden wird, ihr Leben zu verändern.

Deswegen überlasse ich es Ihnen nur zu gern, die Inspiration und Energie zu finden, die Mats und Susan Ihnen vermitteln möchten.

Mikael Werthwein

ÜBER UNS

Mats und Susan

Mats: Mein Berufsleben habe ich als selbstständiger Unternehmer begonnen. Ich war immer eine Führungspersönlichkeit. Weil ich kreativ, kontaktfreudig und sehr gesellig war, habe ich es geschafft, meine Unsicherheit und Unruhe zu verbergen. Niemand hat ahnen können, dass ich eigentlich ein ganz schwaches Selbstbewusstsein hatte.

Ich habe mich nach einem Burn-out in meinem Beruf auf psychische Krankheiten konzentriert, denn das liegt mir sehr am Herzen. 2011 hatte mein Vortrag »Innere Gesundheit« Premiere im Stadshotell in Kalmar, die Reaktion war enorm. Nach sechs ausverkauften Veranstaltungen in Kalmar bin ich mit dem Vortrag zur »Inneren Gesundheit« in mehreren schwedischen Städten gewesen. 2013 wurde er auf DVD veröffentlicht.

Mein neuer Fokus ist es, mehr im Augenblick zu leben. Ich bin absolut davon überzeugt, dass die Grundlage für Zufriedenheit und Glück das bewusste Leben ist. Ich bin immer noch sehr empfindlich, was Stress angeht. Wohl oder übel habe ich schließlich eingesehen und akzeptiert, dass ich nie wieder dieselbe Kraft und Energie haben werde wie vor meinem Burnout. Jetzt kenne ich mich selbst besser und weiß, wo meine Grenzen liegen.

Susan: Als Kind war ich sehr schüchtern, hatte aber das Glück, unter kreativen und kontaktfreudigen Jugendlichen zu landen. Ich habe gelernt, dass man tun kann, was man will, wenn man sich nur traut. Nach und nach habe ich meine Schüchternheit überwunden und gewagt, mich Situationen auszusetzen, die mein Selbstvertrauen stärkten. Eins führte zum anderen, und ich entwickelte mich zu einem Menschen, der auf vielen Hochzeiten tanzte. Es fiel mir sehr schwer, nein zu sagen, aus Angst, nicht mehr gemocht zu werden.

Nach einer Erschöpfungsdepression habe ich eingesehen, dass ich wohl sehr stark gewesen sein musste, um mich so dramatisch überfordern zu können, aber auch, dass ich dazu meine eigenen Bedürfnisse extrem verdrängt hatte. Ich hatte meinen eigenen Wert nicht erkannt, und ich musste lernen, dass es wichtig ist, mich um mich selbst zu kümmern.

Kreativität wurde erst bei meiner Reha wieder wichtig, vorher habe ich es nicht begriffen. Jetzt nimmt sie in meinem Leben viel Platz ein. Über die Jahre habe ich zu meiner Kreativität zurückgefunden. Ich habe gelernt, sie zu steigern und zu »verwalten«. Intuitiv spürte ich, dass es mich gesund machen würde, kreativ zu arbeiten. Es ging mir dabei so gut! Ich weiß, dass Kreativität eine ideale Möglichkeit ist, seine Lebensqualität zu steigern und die Gesundheit zu verbessern, daher haben

Kreativität und Gesundheit in unserem Buch ein eigenes Kapitel bekommen.

Heute kämpfe ich noch mit meinem Gewicht und meiner Lust auf Zucker. Dieser Kampf ist nicht so leicht für mich, da ich nicht gern trainiere und schwitze! Der Körper kam bei mir lange Zeit erst an zweiter Stelle. Und der achtsame Umgang mit meinem Körper stellt noch immer eine große Herausforderung für mich dar, aber ich habe das Gefühl, dass das jetzt, wo ich über fünfzig bin, besonders wichtig wird!

Wir beide haben uns 1995 in Kalmar kennengelernt. Mats war gerade mitten in den Planungen für eine Messe und brauchte eine Dekorateurin. Seit diesem Tag sind wir ein Paar und arbeiten auch zusammen. Im Mai 1996 wurde unsere Tochter Julia geboren. 2011 haben wir unsere Familie vergrößert, indem wir Elsa, Jahrgang 2004, und Martin, Jahrgang 2009, als »Kontaktfamilie« unterstützen. In Schweden gibt es dieses Programm für benachteiligte Kinder, bei dem diese nicht bei »Pflegeeltern« untergebracht sind, sondern in ihren Ursprungsfamilien wohnen bleiben. Bei ihren »Kontaktfamilien« verbringen die Kinder meist die Wochenenden oder festgelegte Zeiten.

Warum wir ein Buch geschrieben haben

Für uns wäre es sicher hilfreich gewesen, wenn wir ein Buch wie unseres gehabt hätten, als es uns schlecht ging!

Jetzt ist es da! Wir hoffen, dass es vielen Menschen Unterstützung bieten kann, wenn sie – genau wie wir damals – nicht verstehen, dass wir alle immer wieder innehalten und darüber nachdenken sollten, was wir gerade tun oder lassen. Wir hatten damals zwar nicht dieses Buch, aber wir hatten einander. Als es uns am schlechtesten ging, glaubten wir zwar nicht, dass wir einander helfen konnten, aber wir hatten doch immer Unterstützung und einen Menschen, der tief im Innersten verstand, was Stress, Sorgen und Angst bedeuten.

Unsere Ärzte haben uns geraten, alles aufzuschreiben, daher haben wir zunächst nur für uns selbst geschrieben – so glaubten wir damals jedenfalls. Ein paar unserer Freunde durften unsere »Tagebücher« lesen, und da haben wir begriffen, dass das, was wir geschrieben haben, für andere in derselben Situation nützlich sein könnte.

Wir hoffen, dass Sie selbst rechtzeitig die Notbremse ziehen können, so dass es bei Ihnen nicht so schlimm werden muss wie damals bei uns.

Wir empfehlen Ihnen, das Buch langsam zu lesen. Nach jedem Kapitel die Botschaft darin sacken lassen und darüber nachdenken, was sie mit Ihnen zu tun hat. Oder Sie konzentrieren sich auf die Kapitel, die für Sie am wichtigsten sind.

Sie können Ihr Leben verbessern!

AUSBLENDEN

In einem Artikel in einer schwedischen Zeitung berichtete ein bekannter schwedischer Künstler, dass er gerade haarscharf an einem Zusammenbruch vorbeigeschrammt war. Die Überschrift lautete: »Ich war kurz vorm Burn-out, aber jetzt habe ich gelernt, vieles auszublenden.«

Nicht auf die Warnsignale des Körpers zu hören, ist das Gefährlichste, was man tun kann, wenn man gestresst ist. Die Fähigkeit, Warnsignale ausblenden zu können, ist oft die Ursache für einen Burn-out.

SUSAN HÖRTE NIE AUF DIE SIGNALE

Ich konnte viele Jahre gut ausblenden. Eine Kleinigkeit nach der anderen, schon mein ganzes Leben lang. Das bedeutete in der Folge, dass es auch nicht schwer war, die größeren Probleme zu verdrängen. Als ich jünger war, litt ich schweigend darunter, nicht gut genug zu sein, nicht verstanden zu werden. Ich fühlte mich ausgeschlossen, obwohl ich viele Freunde hatte und nicht gemobbt wurde. Jetzt, da ich erwachsen bin, ist mir klar, dass ich jemanden zum Reden gebraucht hätte. Ich war voller Gefühle, die niemand bestätigte, und hatte Unmengen an Fragen, aber niemanden, dem ich sie stellen konnte. Ich brauchte jemanden, der mir sagte, dass es ganz normal war, so zu fühlen und zu denken, wie ich es tat. Stattdessen blendete ich meine Gefühle aus. Ich schwamm mit dem Strom. Der Zufall entschied über mein Leben, ohne dass ich eine bewusste Wahl traf.

Als es Mats am schlechtesten ging, war ich eigentlich genauso fix und fertig wie er. Aber ich blendete meine Erschöpfung aus und verleugnete meine Gefühle erneut. Wer sollte sich denn sonst um unseren Haushalt und unsere Tochter Julia kümmern? Ich fand, wir dürften nicht gleichzeitig zusammenbrechen, also zehrte ich von den allerletzten Reserven. Natürlich verlor ich manchmal die Kontrolle. Ich bekam Panikattacken, Krisen und fühlte mich machtlos. Ich war sehr angespannt, bekam dadurch Rücken-, Glieder- und Muskelschmerzen – Symptome, die ich wiederum überging. Gleichzeitig wurde ich eine Meisterin darin, nicht zu schlafen. Ich war in einer Abwärtsspirale gefangen und geriet in eine immer tiefere Depression. Mein Körper flehte mich geradezu an aufzuhören, aber was kümmerte mich das? Man muss sein Päckchen eben tragen! Das hatte Papa mir beigebracht. Ausruhen, das durfte man in einem anderen Leben. Ich hörte überhaupt nicht mehr auf meinen Körper, und das Gefühl, dass es einem gut geht, kannte ich gar nicht mehr. Ich dachte, das Leben müsste so sein.

MATS' ANGST VOR PSYCHOLOGEN

Ich brauchte jemanden, mit dem ich sprechen konnte, als es am schlimmsten war. Genau wie Susan hatte ich meine grundlegenden Bedürfnisse wie Erholung vor langer Zeit ausgeblendet. Gleichzeitig stand ich enorm unter Stress und Druck, um die Firma wirtschaftlich am Laufen zu halten. Mein Kalender war immer voller Meetings. Ich war überall gleichzeitig, kaum war ein Termin erledigt, kam prompt ein neuer nach. Ich war nie mit der Arbeit fertig. Am Ende wurde es schwierig, Prioritäten und Grenzen zu setzen und nein zu sagen. Genau wie Susan fühlte ich mich machtlos. Ich schlief nachts schlecht, hatte ein beginnendes Magengeschwür, akute Rückenschmerzen und große Angst.
Alles zusammen fühlte sich langsam unerträglich an. Es gab kein Gegenüber, mit dem ich meine Probleme hätte besprechen können. Ein Besuch beim Psychologen war ganz ausgeschlossen, denn ich war der Meinung, dass dort nur schwer psychisch kranke Menschen hingingen.
Im Fitnessstudio hörte ich von Stig Sjöde, einem Mental-Coach. Das klang sportlich und ungefährlich. Ich rief ihn an, und bei unseren Treffen begannen wir, über das zu reden, was in meiner Jugend schwierig gewesen war. Über solche Dinge hatte ich vorher noch nie mit jemandem gesprochen. Es fühlte sich unglaublich befreiend an. Stig brachte mir bei

abzuschalten, und ich schaffte es, meinen akuten Stresszustand zu mindern. Er brachte mich nach und nach auch zu der Erkenntnis, dass die Ursache für meine Probleme in meiner Einstellung mir selbst und meinem Leben gegenüber lag. Am Schluss riet er mir, mich an einen Psychologen zu wenden, der als Methode die Kognitive Verhaltenstherapie praktizierte. Die Beziehung von Susan und mir wurde immer angestrengter. In dieser Lage fiel es uns sehr schwer, miteinander zu kommunizieren. Es kam ständig zu Missverständnissen. Nach einer Weile bot Stig mir an, Susan und ich könnten beide kommen und mit ihm und seiner Frau Eva reden. Es war unglaublich schön, dass zwei außenstehende Personen das, was wir zueinander sagten, spiegelten und »übersetzten«. Mit einem anderen Paar zu sprechen erschien uns notwendig. Dadurch begriffen wir die Bedeutung der festgelegten Geschlechterrollen.

Heute sind wir davon überzeugt, dass unsere Beziehung vor allem dank der Gespräche mit Eva und Stig hielt. Wir haben gelernt, was wichtig ist, einander zuzuhören, einander Raum für unsere Meinungen zu geben, aufeinander zuzugehen. Nur wir selbst können uns verändern, und das ist wichtig, damit unsere Beziehung gut funktioniert.

Viele befinden sich in derselben Situation: Das Vertrackte daran, Probleme und negative Gefühle auszublenden, besteht darin, dass Sie gar nicht merken, wie schlecht es Ihnen geht, solange Sie viel zu tun haben. Sie merken auch nicht, was Sie sich und Ihren Nächsten zumuten. Wenn das Wochenende oder die Ferien kommen, fühlen Sie sich rastlos. Wenn Ihr Gehirn endlich die Chance hat, etwas zu fühlen, stellen sich Leere, Kopfweh, Magenschmerzen, Müdigkeit ein, oder diese Infektion, die Sie bisher bekämpft haben, bricht aus. Wenn der Montag kommt, blenden Sie die Beschwerden wieder aus. Das haben Sie Ihrem Körper beigebracht, als Sie Kraft für anderes brauchten. Sie haben begonnen, zu verdrängen, und aufgehört, auf Ihren Körper zu hören, und haben stattdessen weitergearbeitet. Das Einzige, was Sie aufhalten könnte, ist eine Krankheit, die Sie ans Bett fesselt oder ins Krankenhaus bringt.

Wenn wir Zahnschmerzen oder eine akute Blinddarmentzündung haben, zögern wir ja auch nicht, zum Zahnarzt oder ins Krankenhaus zu gehen, und wir schämen uns auch nicht, professionelle Hilfe einzuholen, wenn das Haus renoviert oder das Auto repariert werden muss. Nur wenn es uns psychisch schlecht geht, haben wir Angst und schämen uns, um Unterstützung zu bitten. Warten Sie nicht, bis Sie keine Wahl mehr haben – nehmen Sie sofort Hilfe an, bevor Ihr Problem zu weit fortgeschritten ist. Es ist wichtig, mit dem Partner, der Familie oder Freunden zu sprechen, aber diese sollten keinen Therapeuten ersetzen.

Es ist natürlich eine Mischung verschiedener Dinge, die zu massivem Stress führt. Hier einige Beispiele:

- Wir wollen stark und unverletzlich erscheinen.
- Wir wurden dazu erzogen, produktiv und tüchtig zu sein.
- Wir sprechen nicht über unsere Probleme, alle anderen scheinen alles so gut zu meistern.
- Wir wollen anderen nicht zur Last fallen.
- Es fällt uns unheimlich schwer, um Hilfe zu bitten.

Denken Sie daran, dass es kein Muss gibt! Sie sind nicht allein. Es ist menschlich, um Hilfe zu bitten. Sie können Ihre Situation verändern. Und es gibt dafür *immer* Hilfe!

WIE UNS DIE KINDHEIT PRÄGT

Oft haben sich unsere hohen Ansprüche an uns selbst während der Kindheit eingeschlichen. Wir haben uns nicht um unserer selbst willen geliebt, sondern nur für gute Leistungen geschätzt gefühlt – etwa wenn wir im Haushalt geholfen haben oder gute Noten nach Hause brachten. Der Grund, warum wir versuchen, so viel wie möglich zu schaffen, ist der, dass wir das wichtigste Bedürfnis von allen befriedigen wollen – geliebt, bestätigt und gemocht zu werden. Denn wir haben gelernt, dass Leistung Liebe bedeutet!

Wir sind gut darin, einige unserer »äußeren« Bedürfnisse und die unserer Familie zu befriedigen: Wir kochen, wenn wir hungrig sind, gehen ins Bett, wenn wir müde sind, und zum Arzt, wenn wir krank sind. Im Gegensatz dazu vergessen wir aber oft die inneren Bedürfnisse – wie gesehen werden zu wollen, Bestätigung und Aufmerksamkeit zu erfahren und sich zusammen über etwas zu freuen.

Kinder werden so schnell groß

Plötzlich steht ein schlaksiger Junge vor einem und stellt seine Freundin vor, und man fragt sich, wo Mamas kleiner Bub geblieben ist. Beschäftigen Sie sich nicht ständig damit herumzuwuseln, um etwas für Ihre Kinder zu tun, wenn Sie stattdessen mit ihnen zusammen sein können.

Das Wichtigste für Ihre Kinder ist, was Sie sind, nicht was Sie haben.

Damit ein Mensch spürt: *Ich bin etwas wert, und zwar so, wie ich bin,* muss er – unabhängig von seiner Leistung oder wenn er es am wenigsten erwartet – hören, dass er fantastisch und etwas Besonderes ist. Kinder und Erwachsene sollten daher oft gesagt bekommen:

- Ich liebe dich!
- Ich bin stolz auf dich!
- Ich höre dir zu.
- Dafür bist du verantwortlich.
- Du verfügst über das, was man braucht.
- Ich verzeihe dir!
- Verzeih mir!

Wir möchten, dass Kinder Liebe und Verantwortung lernen und Lebensfreude spüren. Doch dazu müssen wir ihnen auch gute und würdige Vorbilder abgeben.

Wir müssen so sein, wie wir uns unsere Kinder einmal wünschen.

Sich weigern, erwachsen zu werden

Viele Jugendliche heute weigern sich, erwachsen zu werden. Das liegt natürlich daran, dass wir Erwachsene ihnen oft vermitteln, dass das Erwachsenenleben das reinste Elend ist. Wir sind häufig müde, wir haben vielleicht finanzielle Probleme, bekommen nicht alles hin und haben viel zu viele Verpflichtungen.

Sprechen wir eigentlich jemals mit unseren Jugendlichen darüber, wie wunderbar es ist, erwachsen zu sein, seine eigenen Entscheidungen treffen zu können, und über das Gefühl der Freiheit, das daraus erwächst?

Wir Erwachsenen müssen darüber nachdenken, welche Botschaft wir vermitteln und ob wir unserer Jugend positive oder negative Signale senden. Wir tragen die Verantwortung dafür, wie groß ihr Interesse daran ist, erwachsen zu werden.

Es ist wichtig, dass wir ganz aufrichtig sind und keine Gefühle oder Ansichten vergessen. Zeigen wir Kindern und Jugendlichen, dass man Erwachsenen vertrauen kann und dass wir ihnen vertrauen. Sprechen wir über das, was uns Freude macht, und über das, was uns belastet. Kinder haben großes Verständnis und fühlen sich besser, wenn sie erfahren, was um sie herum vorgeht, anstelle in Unwissenheit verharren zu müssen. Manchmal sehen Kinder Lösungen, für die wir Erwachsenen völlig blind sind. Allerdings dürfen wir keine zu große Verantwortung auf Kinder und Jugendliche übertragen.

> Es ist einfacher, starke Kinder aufzubauen, als kaputte Erwachsene zu reparieren.
>
> FREDERICK DOUGLASS

Wir können die Kinder nicht vor dem Leben schützen. Das Leben ist wunderbar, magisch, glücklich und überraschend. Das Leben ist aber auch Schmerz, Unglück, Verzweiflung und Tränen. In Gunilla Bergströms bekanntem Kinderbuch *Viel Spaß, Willi Wiberg* sagt Willi Wibergs Oma: »Man muss sich ein bisschen langweilen, um Spaß haben zu können.«

Eltern sind die Lehrer ihrer Kinder, aber Eltern sind auch Menschen mit eigenen Problemen, Schwächen und Stärken.

Versuchen Sie, zu verzeihen und zu akzeptieren, falls Ihre Eltern manchmal falsch gelegen haben. Kein gesunder Mensch schadet absichtlich seinem Kind.

Akzeptieren Sie Ihre Kindheit

Menschen, die an Sorgen und Angst leiden, haben oft einen ähnlichen Hintergrund mit einer ähnlichen Kindheit.

Hier Beispiele für Dinge, die NICHT zu ändern sind:

- Die eigenen Eltern hatten unrealistische Erwartungen.
- das Fehlen von Lob, Bestätigung und Unterstützung
- Scheidung oder Todesfall in der Familie
- Nervosität und Spannungen in der Familie

- streng religiöse Erziehung
- Alkoholismus in der Familie
- eine Kindheit, in der man für Geschwister oder für Eltern die elterliche Verantwortung übernehmen musste
- emotional belastendes oder negatives Umfeld
- Probleme damit, Gefühle auszudrücken und zu zeigen
- Familienmitglieder, die überreagieren
- das Gefühl, ständig beweisen zu müssen, dass man so, wie man ist, gut ist
- allgemein eine unsichere Kindheit mit vielen ungeklärten Konflikten

SUSAN ERINNERT SICH

Mit etwa 12 oder 13 Jahren war ich abends bei einem Freund gewesen und kam eine Stunde nach der verabredeten Zeit nach Hause. Papa stand an der Tür und wartete auf mich. Er war furchtbar wütend, weil ich unpünktlich war, und ich musste mir eine ordentliche Gardinenpredigt anhören. Er fragte gar nicht erst, warum ich denn so spät nach Hause gekommen war. Daher hatte ich das Gefühl, zu Unrecht ausgeschimpft zu werden und obendrein unverstanden, ungeliebt und einsam zu sein. Ich weiß nicht mehr, ob Mama etwas dazu gesagt hat. Wahrscheinlich hatte sie Angst, selbst mit Papa aneinanderzugeraten. Zur Strafe bekam ich eine Woche Hausarrest!

Das war eines von vielen kleinen Ereignissen, das meine Gefühle gegenüber meinem Vater für den Rest meines Lebens prägten. Er reagierte immer mit Wut und Aggression auf Dinge, die ihn eigentlich besorgt und ängstlich machten. Hätte er mir stattdessen von seinen Sorgen und seiner Angst erzählt, hätten wir mehr Verständnis füreinander gehabt.
Ich wurde in meiner Kindheit selten oder nie gefragt, wie ich das, was um mich herum geschah, empfand.

> Verzeihen heißt, das Vergangene anzuerkennen, weiterzumachen und die Gegenwart zu lassen, wie sie ist.
>
> UNBEKANNT

Die speziellen, typischen Persönlichkeitszüge, die uns auszeichnen, haben ihre Ursache oft in dem, was wir als Kind erlebt haben.

Hier Beispiele für Dinge, die Sie auf jeden Fall an sich ändern können:

- geringes Selbstbewusstsein
- Perfektionismus
- Nervosität
- Schuldgefühle
- unrealistische Erwartungen

- Angst vor Entscheidungen
- Zwangsgedanken

Sie können sich auch ändern, wenn Sie Folgendes sind:

- nicht kritikfähig
- zweifelnd
- leicht beeinflussbar von Problemen anderer
- ständig in Sorge, was andere von Ihnen denken
- besorgt, eine ernste Krankheit zu haben
- ängstlich vor dem nächsten Tag
- voller »Was-wäre-wenn«-Gedanken

> Haben Sie für Ihre Eltern so viel Verständnis, wie Sie es sich von Ihren Kindern für sich selbst wünschen.
>
> GUNILLA HAGLUNDH

Das ganze Leben über erzählen uns andere, wer wir sind. Haben Sie jemals darüber nachgedacht, dass Sie vielleicht gar nicht Sie selbst sind?

Übernehmen Sie die Verantwortung für Ihr eigenes Leben!

Vielleicht belastet Sie die Identität, die andere Ihnen übergestülpt haben. Werfen Sie sie ab und sagen Sie: »Ich will entdecken, wer ich sein will!« Wenn Sie das tun, wird das die spannendste und wichtigste Herausforderung in Ihrem Leben.

Entweder man flieht vor seiner Vergangenheit, oder man lernt daraus!

UNBEKANNT

Ein gekränktes Kind hört nicht auf, seine Eltern zu lieben. Es hört auf, sich selbst zu lieben.

JESPER JUUL

SELBSTBEWUSSTSEIN

Die negativen und selbstkritischen Gedanken, die Sie eventuell über sich selbst hegen, können ihren Ursprung in der Kindheit haben. Sehr frühe, negative Ereignisse und Lebensumstände können dazu geführt haben, dass Sie sich abgewiesen oder ausgeschlossen fühlten.

Vielleicht haben Sie Übergriffe erlebt, kritische Kommentare, Strafen oder wurden selten gelobt. Daraus könnten Sie geschlossen haben, dass Sie wertlos, dumm, böse oder nicht gut genug sind.

Das führt unter anderem dazu, dass Sie glauben, immer an zweiter Stelle zu stehen; dass Sie sich, aus Angst abgewiesen zu werden, nicht trauen, zu sagen, was Sie denken, oder dass Sie glauben, alles muss immer perfekt sein. Wenn Sie dann in eine Situation kommen, in der Sie abgelehnt werden oder auch in der Sie scheitern oder riskieren, die Kontrolle zu verlieren, dann wird Ihre alte Logik wieder aktiviert, nämlich dass Sie wertlos sind und so weiter …

Das löst wiederum negative Erwartungen aus, die zu Angst und/oder ineffektivem Verhalten führen können, wie zum Beispiel, dass Sie sehr ausweichend handeln, sehr vorsichtig sind, dass Sie das, was Sie gerade tun, unterbrechen oder sich an nichts heranwagen.

Das alles bestätigt nur noch, dass Sie »recht hatten«. Sie bekommen noch mehr selbstkritische und negative Gedanken wie: Ich bin nicht gut genug, ich bin schlecht, dumm, wertlos usw. Der Teufelskreis geht immer weiter und kann zu Depressionen führen.

Mangelndes Selbstbewusstsein kann bei Kindern und Erwachsenen sehr schlimm sein. Ein geringes Selbstbewusstsein beeinflusst uns sehr stark und bringt uns dazu, Bestätigung von außen zu suchen, durch andere Menschen und durch Dinge.

> Man sieht von außen nicht immer, wie es sich innen anfühlt.
>
> UNBEKANNT

Wenn wir unser Selbstbewusstsein stärken, beginnen wir, uns selbst mehr zu mögen, wir sind zufriedener mit uns und kritisieren uns nicht mehr so harsch. Je gesünder unser Selbstbewusstsein, desto höher ist auch unsere Akzeptanz für die Fehler anderer Menschen, was die Zusammenarbeit erleichtert.

Ein gesundes Selbstbewusstsein verleiht uns Mut, und wir trauen uns, etwas mehr Raum in sozialen Zusammenhängen einzunehmen, wir trauen uns, zu sagen, was wir denken, wir trauen uns, Entscheidungen zu treffen und Kontakt zu neuen Menschen aufzunehmen. Menschen mit gutem Selbstbewusstsein stärken andere Menschen, sind oft bescheidener gegenüber anderen und lassen sie zu Wort kommen und Platz einnehmen.

Um unser Selbstbewusstsein zu stärken, müssen wir uns selbst häufiger für das loben, was wir sind, und nicht nur für das, was wir tun. Wenn wir uns trauen, Dinge zu tun, die wir noch nie gemacht haben oder vor denen wir Angst haben, dann erhöht das wiederum unser Selbstvertrauen.

Um Ihr Selbstbewusstsein zu stärken, können Sie damit beginnen, sich selbst und Ihre Umgebung auf eine andere Art zu behandeln.

Was Sie über sich selbst denken, ist viel wichtiger als das, was andere über Sie denken!

Wenn Sie sich auf das Positive in Ihrem Leben konzentrieren, führt das zu einem optimistischeren Verhalten und einer optimistischeren Einstellung, was sowohl Ihr eigenes Leben als auch das anderer verbessert. Sie werden dann auch merken, dass Sie viel mehr positive Energie zurückbekommen. Eine positivere Grundhaltung einzunehmen und anders zu denken können Sie trainieren.

Achten Sie darauf, sich mit positiven Menschen und Inspirationsquellen zu umgeben. Wählen Sie die Umgebung, die Sie unterstützt und es Ihnen ermöglicht, sich gut zu fühlen. Machen Sie sich diese zwei Übungen zur Gewohnheit:

1. Hängen Sie Zettel mit positiven Botschaften und Affirmationen auf, die Sie stärken.
2. Schreiben Sie jeden Abend etwas in ein Dankbarkeitsbuch.

Legen Sie sich ein Buch neben das Bett, in das Sie jeden Abend drei Dinge schreiben, für die Sie dankbar sind: etwas, das am Tag passiert ist, oder etwas anderes. Sie können auch eine gute Eigenschaft notieren, die Ihnen bei sich selbst oder bei einem anderen Menschen aufgefallen ist.

STRESS – EINE VOLKSKRANKHEIT

Vor ein paar Jahren schrieb die Autorin und Journalistin Anita Goldman in der schwedischen Tageszeitung *Aftonbladet:*

> Es geht nicht mehr um »Warnsignale«. Es geht um eine Epidemie. Es geht um eine Zivilisation in einer tiefen Krise. Darum, dass wir eine Gesellschaft erschaffen haben, in der wir uns nicht wohlfühlen. Nicht die Kinder in der Kita, nicht die einsamen Rentner, nicht unser vorderstes Symbol für unsere ungeheuren Fortschritte, für die große Veränderung: gut ausgebildete, hoch bezahlte junge Frauen, die Beruf und Familie vereinbaren. Es zeigt sich, dass sie beides nicht vereinbaren können ohne Zusammenbuch. Gilt es – nur! –, die Arbeitswelt zu verändern und die Anforderungen des Berufs herunterzuschrauben und die Kinderbetreuung zu verbessern? Ich glaube, die Krise geht viel tiefer. Ich glaube, dass wir nicht in die Gesellschaft »passen«, die wir selbst erschaffen haben!

Schädlicher Stress ist eine Volkskrankheit, die jeden treffen kann. Es ist egal, ob man arm oder reich ist, jung oder alt, Frau oder Mann, ob man arbeitslos ist oder Arbeit hat.

Wir leben in einem ständigen Informationsrauschen, und es ist selten richtig still um uns herum. Durch künstliches Licht können wir uns aussuchen, wann wir wach bleiben wollen. Wir haben unsere wache Zeit deutlich verlängert, was zu immer weniger Schlaf und Ruhe führt.

Früher stand man auf, wenn es hell wurde, und ging zu Bett, wenn man nichts mehr sehen konnte. Wir wollen damit auf keinen Fall sagen, dass »früher alles besser war«, aber wir können tatsächlich viel aus der Vergangenheit lernen – grundlegende Fähigkeiten, die im Laufe der menschlichen Entwicklung in den Hintergrund getreten sind. Viele dieser Fähigkeiten gehen Hand in Hand mit unserer rein biologischen Existenz. Unsere Körper funktionieren und reagieren heute exakt so wie damals.

Unser Verhalten hat sich verändert, aber nicht unsere Gehirne!

Anita Goldman hat in ihrem Artikel noch etwas anderes, sehr Nachdenkenswertes festgestellt:

> Unsere Gehirne sind nicht für den Informationsstress konstruiert, dem sie ausgesetzt sind. Wir sind eigentlich für ein Leben in der Savanne gemacht, wo wir ganz in Ruhe Eindrücke sortieren und analysieren können.

Lang anhaltender Stress kann viele Abläufe im Körper durcheinanderbringen. Biologisch wehrt sich der Körper. Aber unser Verstand verschließt oft die Augen vor seinen Signalen.

Definition von Stress

Stress bereitet auf Kampf oder Flucht vor. Adrenalin und Cortisol, die in solchen Situationen produziert werden, sind sogenannte Jagdhormone – eine biologische Funktion, die noch aus Urzeiten erhalten blieb. Wir entscheiden uns, die Gefahr entweder zu bekämpfen oder davor zu fliehen.

Stressniveau 1

Der Adrenalinspiegel im Körper steigt, Blutdruck und Blutzuckergehalt ebenfalls, wir bereiten uns darauf vor, eine Flucht oder einen Kampf zu bestehen. Das Ruhehormon Oxytocin ist in diesem Stadium noch aktiv. Der Körper hat die Fähigkeit, zur Ruhe zu kommen, wenn er die Chance dazu erhält. Die überschüssige Energie, die im Körper entsteht, wird eingelagert, wodurch wir uns angespannt und gestresst fühlen. Wir müssen uns körperlich anstrengen, um sie loszuwerden. In dieser Situation empfinden wir Stress als Ansporn. Wir fühlen uns stimuliert, und die Herausforderung macht Spaß.

Stressniveau 2

Der Adrenalinspiegel steigt weiter an, und das Hormon Cortisol wird ausgeschüttet. Cortisol sorgt dafür, dass das Muskeleiweiß des Körpers angegriffen wird. Der Körper kann Bauchfett ansammeln und gleichzeitig von der Muskelenergie zehren. Zu viel Cortisol im Blut verringert den Serotoningehalt im Körper, und das führt zu Niedergeschlagenheit und Sorgen. Das Immunsystem wird geschwächt. Das Ruhehormon Oxytocin wird weniger ausgeschüttet, genau wie die Geschlechtshormone, so dass die Libido abnimmt.

Es fällt vielen schwer zu erkennen, dass körperliche Probleme wie Magenschmerzen, Kopfweh und Schlafstörungen etwas mit Stress zu tun haben. Wir erkennen die Warnsignale des Körpers nicht, und das Gefühl, unzulänglich und machtlos zu sein, führt zu Gereiztheit und Konflikten. Wir beginnen, uns Sorgen zu machen und zu zweifeln, aber wir wissen nicht genau, wieso.

Stressniveau 3

Die Stresshormone sind bereits so lange aktiv, dass sich Anzeichen des Erschöpfungssyndroms bemerkbar machen. Die Nebennieren schaffen es nicht mehr, genug Cortisol zu produzieren. Eine zu niedrige oder eine zu hohe Produktion von Cortisol erschöpft die Nebennieren. Das wirkt sich auf unsere Stimmung und auf unseren Schlaf aus, darüber hinaus beeinträchtigt es das Gedächtnis. Das Risiko für eine psychisch-körperliche Erschöpfung ist groß. Die Produktion von Geschlechtshormonen, Oxytocin und Antistresshormonen ist verringert. Wir zeigen Anzeichen von Burn-out, die Arbeit und das Leben erscheint uns sinnlos, und wir machen uns Sorgen um die Zukunft. Manche ziehen sich auch von der Familie und von Freunden zurück. Wir verlieren den Kontakt zu uns selbst. In dieser Phase haben wir zu viele Verpflichtungen, es fällt uns schwer, anderen zuzuhören, wir haben Gedächtnislücken, Angst und fühlen uns getrieben, oder wir verfallen in Apathie und verlieren das Selbstvertrauen: Wir erleiden einen Zusammenbruch.

Erschöpfungssyndrom oder Burn-out

Beim Erschöpfungssyndrom treten durch lang anhaltenden Stress unterschiedliche physische und psychische Symptome auf.

Die üblichsten Symptome sind große Müdigkeit, die auch durch Ruhe nicht verschwindet, Gedächtnisstörungen, Sorgen und Angst, Schlafstörungen und Herzklopfen. Die Krankheit kommt oft schleichend und ist leicht zu übersehen und zu verdrängen.

Das kann dazu führen, dass die Situation schließlich kippt. Wenn Patienten die Diagnose Erschöpfungssyndrom erhalten, leiden sie seit mindestens einem halben Jahr an mehreren Stresssymptomen.

Den Stress identifizieren

Es ist wichtig, die Stressfaktoren in Ihrem Leben zu identifizieren und sie im Auge zu behalten. Erst dann erhalten Sie die Möglichkeit, sie auszuschalten oder zu minimieren.

Sie müssen Ihre Einstellung zu den Faktoren, auf die Sie nicht einwirken können, ändern.

Wenn Sie sich entscheiden, in stressigen Situationen negativ zu reagieren, führt das zu verstärkter Unruhe und Stress, im schlimmsten Fall auch zu Kopfweh, Schlafstörungen, hohem Blutdruck, Magengeschwüren, Rückenschmerzen, Stoffwechselstörungen, schweren Konzentrationsschwierigkeiten, Depressionen und niedrigem Selbstbewusstsein.

Als wir auf Hochtouren liefen, war der Stress enorm, und wir selbst und unsere Beziehung zerbrachen fast daran. Ständig erhielten wir körperliche Warnsignale: Wir waren die ganze Zeit müde und fühlten uns nie ausgeruht. Wir waren ständig gereizt, stritten uns oft wegen Kleinigkeiten und hatten große Konzentrationsschwierigkeiten. Wir jonglierten immer mit mehreren Bällen und glaubten, sehr effizient zu arbeiten, aber in Wahrheit fühlte es sich so an, als würden wir nie mit etwas fertig. Wir gaben allem um uns herum die Schuld an unserer Situation und verstanden nicht, dass wir selbst verantwortlich für unseren Zustand waren.

Ein paar kluge Worte

Der Sozialpsychologe Bosse Angelöw von der Universität Växjö beschreibt eine einfache Verhaltensänderung:

Von Kindesbeinen an werden wir darauf trainiert, Probleme zu erkennen. Wir sollen kritisch denken, werden problemorientiert unterrichtet und sprechen nur über das, was im Beruf schlecht läuft: über Konflikte und Probleme, aber nie über das Positive, denn wir wissen nicht, wie.
Denken Sie aber nach Feierabend an das, was geklappt hat und gut gelaufen ist, statt an das Gegenteil, so fühlt sich das gut an und bietet dem Stress keinen Raum. Es geht darum, die eigene Arbeitssituation, die Familie und die Freizeit zu betrachten und zu versuchen, zu analysieren, was daran schon gut ist. Interpretieren Sie ihre Situation neu. Das umgekehrte Denken bedeutet, dass wir Energie und Kraft anstelle von Stress tanken.

Viele Menschen machen sich Stress, um Geld zu verdienen, damit sie es sich dann leisten können, es ruhiger anzugehen.

OTTO LUDVIG

STRESS BEI KINDERN UND JUGENDLICHEN

Es sind wir Erwachsenen, die bei den Kindern Stress verursachen, und nur wir können ihnen helfen, damit umzugehen.

Vor elf Jahren warnte der Stressforscher und Dozent Peter Währborg in einem Artikel im *Aftonbladet* vor den Auswirkungen, die der heutige »Kinderstress« in der Zukunft haben kann: »In zehn Jahren werden wir eine Krankheitsexplosion bei diesen Kindern sehen. Adernverkalkung, Altersdiabetes und Fettleibigkeit werden viele junge Menschen betreffen.«

Er hat leider recht behalten. Heute sind wir an diesem Punkt. Als er den Artikel schrieb, konnten wir uns nicht vorstellen, welches Ausmaß die Technik im Alltag für Kinder und Erwachsene annehmen würde! Wie wird es in weiteren zehn Jahren aussehen?

Wir bemühen uns um die Entwicklung der Kinder

Eltern achten heutzutage sehr auf die Entwicklung der Fähigkeiten ihrer Kinder und dass sie möglichst viele (An-)Reize bekommen. Diese Kinder gehen aber auch in überfüllte Kindergärten und Schulen. Viele Eltern haben gar keine Ahnung, was dort eigentlich jeden Tag mit ihnen geschieht.

Neben den Anforderungen, die die Kinder an sich selbst stellen, treffen sie auf Pädagogen und Freunde, die ebenfalls Anforderungen stellen – sowohl ausgesprochene als auch unausgesprochene.

Die unausgesprochenen können die schlimmsten sein!

Kinder werden jeden Tag mit Faktoren, die ihnen Stress verursachen, sogenannten Stressoren, konfrontiert. Wir können daher weder uns selbst noch die Kinder vor Stress beschützen, aber wir können darüber reden, ihm vorbeugen und den Kindern beibringen, wie sie sich dazu verhalten können. Vor allem aber müssen wir ihnen gute Vorbilder sein.

Die Kinder brauchen Hilfe, damit sie Stress erkennen können.

Wenn Kinder zu vielen Stressfaktoren gleichzeitig ausgesetzt sind, kann das zu körperlichen Krankheiten oder psychischer Erschöpfung führen, genau wie bei uns Erwachsenen. Kinder reagieren besonders empfindlich auf Stress, weil sich ihre Persönlichkeit noch in der Entwicklung befindet.

Stress ist eine Reaktion darauf, dass wir besonders großen physischen, emotionalen oder intellektuellen Anforderungen und Belastungen ausgesetzt sind.

> Viele Eltern sind bereit, alles für ihre Kinder zu tun – außer sie *sie selbst sein* zu lassen.
>
> BANKSY

Gründe für Stress bei Kindern und Jugendlichen

Kinder sind unterschiedlich und reagieren individuell. Hier nun eine Reihe von Situationen, die für Kinder stressig sein können. Die Liste sollte sehr zurückhaltend gelesen werden, da sie generalisiert.

- Zu hohe Anforderungen – Dinge lernen zu müssen, für die sie körperlich oder psychisch nicht reif sind.
- Tod eines nahen Angehörigen.
- Eltern, die auseinanderziehen, neu heiraten.
- Eltern, die zu viel arbeiten oder zu oft auf Geschäftsreise sind.
- Arbeitslosigkeit der Eltern.
- Nicht verstanden zu werden oder manche Dinge selbst noch nicht zu verstehen.
- Ein Geschwisterchen zu bekommen und/oder ein Geschwisterkind, das zu Hause auszieht.
- Streit in der Familie.
- Nie mit einem Erwachsenen allein zu sein.
- Nie Ruhe zu haben, keine Ecke für sich selbst zu haben.
- Umzug in eine andere Stadt oder einen anderen Stadtteil.
- Eine Reise ohne Eltern, beispielsweise in ein Ferienlager oder auf Klassenfahrt.
- Bei Entscheidungen, die die Familie betreffen, komplett übergangen zu werden.

- Schulische Probleme, Drohungen, Mobbing und Streit mit Lehrern.
- Zu viele Beziehungen, zu große Kindergartengruppe oder Klasse, zu viele Vertretungen.
- Zu viele Aktivitäten oder im Gegenteil Unterforderung.
- Ein Haustier zu bekommen oder zu verlieren.
- Pubertät.
- Hohe Lautstärke und Krach.
- Zu viel Fernsehen/Handy/Computer.

Ein oder zwei Stressfaktoren sind meist weder körperlich noch psychisch schädlich. Doch Kinder sind heute oft mehreren dieser Stressfaktoren gleichzeitig ausgesetzt, deswegen müssen wir Erwachsene besonders darauf achten, womit die Kinder in ihrer Umgebung konfrontiert sind und wie sie sich fühlen.

Aktivitäten auf Kosten von Ruhe und Nachdenken

In unserer Kultur lernen wir, dass man faul ist, wenn man nichts tut. Diese Einstellung kann unsere Haltung zu Pausen und zum Nichtstun beeinflussen.

Es ist nicht ungewöhnlich, dass Kindergartenkinder noch zwei oder mehr Aktivitäten wöchentlich haben – nach der Kita! Viele Kinder bekommen nicht die Zeit, das, was sie am Tag erlebt haben, zu verdauen und zu verarbeiten, denn das verlangt Ruhe und Stille. Wir müssen unseren Kindern jedoch beibringen, dass Ruhe und Stille genauso wichtig sind wie Aktivität. In der Ruhe und beim Nachdenken wird die Kreativität geweckt, und mit ihr werden Kinder zu eigenständig denkenden Individuen.

Viele Kinder heute wissen nichts mit sich anzufangen, wenn sie nichts zu tun haben. Ruhe und Stille macht viele Kinder rastlos und jagt ihnen fast Angst ein. Oft sind es wir Eltern, die das Gejammer nicht aushalten, wenn die Kinder nichts zu tun haben. Wir holen dann gern einen Film, ein Computerspiel oder sonst was, damit sie Ruhe geben. Wenn das Kind jedoch Zeit zum Nachdenken bekommt, wird es schließlich eine Beschäftigung finden, und dadurch entwickelt es sich. Wir Erwachsenen müssen diesem Prozess nur etwas Zeit geben.

UNSERE EXTRA-TOCHTER

Elsa, die jedes zweite Wochenende bei uns lebt, ist oft ganz aufgedreht, wenn sie freitagnachmittags kommt. Kaum durch die Tür, will sie schon, dass etwas passiert! Genau zu der Zeit kochen wir freitags immer, und wir alle kommen runter von der Hektik der Woche. Wenn wir sie dann in Ruhe lassen, kommt sie entweder mit in die Küche und hilft, oder sie geht auf ihr Zimmer und beschäftigt sich mit irgendwas. Aber manchmal kann es bis Sonntagvormittag dauern, bis sie selbst von ihrem Stress runterkommt.

Wenn wir Erwachsenen selbst gestresst sind, können wir nicht erkennen, dass das Gleiche auch für unsere Kinder gilt!

Anzeichen für Stress bei Kindern und Jugendlichen

Im Folgenden finden Sie eine Liste recht häufiger Reaktionen von Kindern und Jugendlichen. Es kann auf schädlichen Stress hindeuten, wenn in kurzer Zeit mehrere dieser Reaktionen gleichzeitig bei ihnen auftauchen:

- verändertes Temperament – sie verhalten sich verschlossener, empfindlicher oder aggressiver
- Schlafstörungen, Alpträume
- Rastlosigkeit und Konzentrationsschwierigkeiten
- häufiger Toilettengang
- extremes Kontaktbedürfnis oder das Gegenteil
- übertrieben häufige Nutzung von Computer, Fernsehen oder Handy
- Kopf- oder Bauchschmerzen
- Gedankenlosigkeit, beispielsweise Zu-spät-Kommen, Vergessen oder Nichteinhalten von Verpflichtungen
- Schulschwänzen
- Drogen
- Perfektionismus
- Zähneknirschen und Stottern

- Selbstaggression, körperliche Gewalt gegen andere Menschen oder Tiere
- verbale Gewalt, Unterdrückung anderer durch Beleidigungen und Mobbing
- Vandalismus und Geschmiere
- Essensverweigerung
- Realitätsflucht, etwa die Finger in die Ohren stecken bei zu viel Trubel

Kinder und Jugendliche reagieren auf ihre psychischen Probleme häufig auch körperlich mit sogenannten psychosomatischen Symptomen, zum Beispiel mit:

- Magenschmerzen, Erbrechen, Durchfall oder Verstopfung
- Ekzeme
- Spannungsschmerzen in Kopf, Nacken, Schultern und Rücken
- Asthma
- Verletzungen am Zahnfleisch
- Bissschäden an Lippen, Fingernägeln oder im Mundraum an den Wangen
- Ticks

Die große Verantwortung

Wenn wir uns einen Hund anschaffen, informieren wir uns davor gründlich und gehen mit ihm zur Hundeschule, damit wir wissen, wie wir am besten mit ihm umgehen.

Wenn wir schwanger werden, lesen wir alles darüber, wie das Baby im Bauch wächst und wie man sich um Säuglinge kümmert. Es wäre schön, wenn wir diese Neugier während der gesamten Kindheit und Jugend beibehalten würden und weiterhin lernen würden, was Kinder und Jugendliche in jedem Alter brauchen.

ELTERNKURSE

Es gibt Möglichkeiten, das eigene Wissen übers Elternsein zu erweitern. Wir haben einen Abendkurs des Programms »Active parenting« (»Aktive Elternschaft«) besucht, der sehr interessant klang. Wir sind dankbar für das Kursmaterial, das wir dort bekamen, und möchten gerne für den Kurs werben. Er brachte uns dazu, darüber nachzudenken, wie wir als Eltern sind, und hat uns viele Tipps und Ratschläge gegeben, wie wir uns verändern können.
Manchmal bekamen wir Angst, wenn wir daran dachten, welch unglaublich große Verantwortung wir für Julia tragen.

Wir möchten, dass sie zu einem selbstständigen, empathischen, lebensbejahenden und freien Menschen aufwächst.

Viele Erwachsene fühlen sich heutzutage aus allen möglichen Gründen schlecht.

Kinder spüren, wenn etwas nicht in Ordnung ist, und suchen die Schuld schnell bei sich. Wenn wir uns als Eltern schlecht fühlen, ist es gut, mit den Kindern darüber zu sprechen. Kinder dürfen nie das Gefühl bekommen, dass es ihre Schuld sei, und Ungewissheit kann sehr belastend für sie sein.

Wir sind es uns schuldig, darauf zu achten, dass es uns gut geht und dass wir alles in unseren Möglichkeiten tun, damit wir uns zum Besten entwickeln. Dann fällt es uns viel leichter, zu erkennen und zu verstehen, was unsere Kinder brauchen.

Geben Sie niemals Ihrem Kind die Schuld dafür, wie Sie sich fühlen!

Ein Kind
Ein Kind, das kritisiert wird, lernt zu verurteilen
Ein Kind, das geschlagen wird, lernt, sich zu prügeln
Ein Kind, das verhöhnt wird, lernt Schüchternheit
Ein Kind, das Spott und Sarkasmus ausgesetzt ist, bekommt ein schlechtes Gewissen

ABER

Ein Kind, das ermutigt wird, lernt zu vertrauen
Ein Kind, dem Toleranz entgegengebracht wird,
lernt Geduld
Ein Kind, das gelobt wird, lernt, Dinge zu schätzen
Ein Kind, das frei spielen darf, lernt Gerechtigkeit
Ein Kind, das Freundschaft kennenlernt, lernt
Freundlichkeit
Ein Kind, das Geborgenheit erlebt, lernt Zutrauen
Ein Kind, das geliebt und gekuschelt wird, lernt die
Liebe in der Welt kennen

ANNASTINA VRETHAMMAR

Wie man Stress bei Kindern und Jugendlichen vorbeugt

Was können Sie als Erwachsene tun, damit Ihr Kind bestmöglich geschont wird? Stress ist ansteckend, also ist das Erste, was sie tun können, selbst so stressfrei wie möglich zu leben. Das klingt vielleicht egoistisch, aber wenn Sie selbst zufrieden sind, fällt es Ihnen viel leichter, Ihr Kind zu sehen, aufmerksam zuzuhören und da zu sein. Ihr Kind tut, was Sie tun, nicht, was Sie ihm sagen.

Seien Sie viel mit Ihrem Kind zusammen

Wenn Sie mehrere Kinder haben, versuchen Sie darauf zu achten, immer wieder Zeit mit nur einem Kind zu verbringen. Auch wenn Sie zu zweit sind und ein Kind haben, ist es wichtig, dass hin und wieder ein Elternteil mit dem Kind allein etwas unternimmt. Organisieren Sie sich auch Zeit, in der Sie nichts zusammen unternehmen, sondern einfach nur Zeit miteinander verbringen, schweigen Sie dabei manchmal.

Berühren Sie Ihr Kind, so oft Sie können

Berührungen vermitteln Ihrem Kind Ruhe und Geborgenheit. Durch Berührungen und Massage wird das Ruhehormon Oxytocin ausgeschüttet. Dadurch sinkt der Pulsschlag und der Blutdruck, was den Stoffwechsel verbessert, die Schmerztoleranz erhöht und das Immunsystem stärkt. Aber wenn Ihr Kind nein sagt, dann respektieren Sie das. Sehen Sie es als positiv, dass Ihr Kind Grenzen setzen und sagen kann, wann es in Ruhe gelassen werden will.

Hören Sie Ihrem Kind zu

Für viele Kinder und Jugendliche ist es ein großes Problem, dass sie keinen Erwachsenen haben, mit dem sie reden können. Es gibt niemanden in ihrer Nähe, dem sie vertrauen können. Manchmal müssen Kinder mit jemandem sprechen, der zuhört.

In Deutschland beispielsweise bietet das Kinder- und Jugendtelefon »Nummer gegen Kummer« (www.nummergegenkummer.de) eine großartige Unterstützung von Kindern und

Jugendlichen. Selbstvertrauen, das eigene Aussehen, Mobbing und auch Selbstmordgedanken sind dort immer wieder Thema.

Erzählen Sie Ihrem Kind von Ihren Gefühlen und Meinungen

Erzählen Sie Ihrem Kind von allen möglichen Gefühlen, fröhlichen und traurigen. Das stärkt Ihre Verbundenheit. Wenn Sie sich weigern, über sich selbst zu sprechen, dann wird sich auch Ihr Kind weigern, von sich zu erzählen, wenn es das eigentlich braucht. Nehmen Sie alle Gefühle Ihres Kindes an. Lassen Sie zu, dass Ihr Kind traurig, wütend oder enttäuscht ist. Versuchen Sie nicht, seine Gefühle abzumildern, weil sie Ihnen lästig sind.

Informieren Sie sich, welche Aktivitäten für Ihr Kind gut sind, achten Sie dabei auf sein Alter

Es gibt Unmengen von Literatur über die Entwicklung von Kindern. Wir empfehlen *Kinder unter Stress. Und was wir dagegen tun können* (Beust Verlag) von Ylva Ellneby. Sie können natürlich auch Ihren Kinderarzt fragen. Zu wissen, was Ihrem Kind guttut, ist nicht immer einfach. Wir werden nicht automatisch zu Experten, wenn wir ein Kind bekommen, es gilt, aufmerksam zu sein. Das Kind will vielleicht nicht immer das, was es braucht.

Lassen Sie das Kind sich manchmal langweilen

Versuchen Sie, das Jammern auszuhalten, dass nichts los ist oder dass ihr Kind nicht weiß, was es im Moment tun soll. Es tut Kindern gut, freie Zeit zu haben und nichts zu tun. Aus dem

»Nichts« keimen Fantasie und Kreativität. Nach und nach wird das Kind eigene Aktivitäten entwickeln.

Seien Sie aufmerksam

Beobachten Sie das Verhalten Ihres Kindes jeden Tag eine Weile. Machen Sie sich ein Bild vom Rhythmus Ihres Kindes, wie es sich in unterschiedlichen Situationen verhält, so dass es Ihnen auffällt, wenn plötzlich etwas nicht mehr stimmt.

Schaffen Sie Routine

Kinder lieben es, Dinge wiederzuerkennen. Wiederholungen bedeuten für sie Geborgenheit. Eltern glauben, dass Kinder sich langweilen, weil sie selbst es tun, aber so ist es nicht. Kinder lieben fröhliche, lebensbejahende Gewohnheiten und Rituale, die die Familien zusammenhalten. In der Pubertät möchten die Kinder dann mehr Spannung in ihrem Leben und brechen vielleicht aus der Routine aus, aber die Familiengewohnheiten kommen als positive Erinnerungen zurück, wenn sie älter werden.

Helfen Sie Ihrem Kind, Grenzen zu setzen

Kinder wissen nicht, wo die Grenzen liegen, wenn es um Fernsehen, Handy und Computernutzung geht, wann sie ins Bett gehen sollten oder wie viele Dinge man besitzen sollte. Es tut ihnen gut, dabei Hilfe zu bekommen, selbst wenn sie kurzfristig protestieren. Laut Teija Nuutinen, Forscherin am Folkhälsan Forschungszentrum, werden für Kinder im Schulalter höchstens zwei Stunden täglich vor einem Bildschirm empfohlen.

JULIA BRAUCHTE UNSERE HILFE BEIM NEINSAGEN

Als unsere Tochter Julia sechs Jahre alt war, hatte sie einige Spielkameraden in der Nachbarschaft. Sie konnte tagelang mit ihnen spielen, wenn sie durfte. Manchmal merkten wir aber, dass sie Hilfe dabei brauchte, auch einmal nein zu sagen und zu Hause zu bleiben. Manchmal protestierte sie, aber nach einer Weile gewöhnte sie sich daran, »nur« bei uns zu sein. Wir redeten dann zwar vielleicht nur, hörten Musik oder spielten etwas zusammen. Und manchmal sagte sie später, dass sie eigentlich gar keine Lust gehabt hatte, mit ihren Freunden zu spielen.

Kinder und Angst

Wenn Sie als Eltern ein Problem mit Ängsten haben, ist es wichtig, dass Sie darauf achten, ob auch Ihr Kind solche Anzeichen zeigt, denn Angststörungen können erblich sein. Alarmzeichen kann zum Beispiel die übertriebene Angst davor sein

1. verlassen zu werden,
- eine schwere Krankheit zu bekommen,
- kritisiert zu werden,
- Fehler zu machen und sich deswegen zu schämen,
- Außenseiter zu sein.

Die Angst des Kindes kann sich manchmal auch in Folgendem zeigen:

- Konzentrationsschwierigkeiten
- Hyperaktivität
- übertriebene Ängstlichkeit
- fehlendes Selbstvertrauen

Das meiste davon passt auf viele Kinder, allerdings in abgeschwächter Form, ohne dass sie unbedingt an einer Angststörung leiden müssen. Nur im Falle eines übertriebenen Verhaltens oder wenn viele dieser Punkte gleichzeitig auftreten, gibt es Grund zur Besorgnis.

Wenn Sie den Verdacht haben, dass Ihr Kind an einer Angststörung leidet, nehmen Sie Kontakt zu einem Arzt auf, der Ihr Kind zu einem Kinderpsychologen oder Kinderpsychotherapeuten überweisen kann.

TRENNUNGSANGST

Die Tochter eines Freundes, die acht Jahre alt war, litt an Trennungsangst und zeigte überhaupt ein sehr ängstliches Verhalten. Sie hatte ein übertriebenes Bedürfnis, immer genau zu wissen, wo sich die Eltern gerade befanden. Die Mutter konnte beispielsweise nicht einmal den Müll rausbringen, ohne dass die Tochter wissen wollte, wo sie hingehe. Das Mädchen machte sich darüber hinaus ständig Sorgen, zur Außenseiterin zu werden, und sie wollte immer perfekt aussehen. Die Haarspangen mussten immer korrekt sitzen, und die Kleider durften nicht verknittert sein. Dem Mädchen fiel es schwer zu glauben, dass sie etwas schaffen könnte, das sie noch nie gemacht hatte. Die Eltern versuchten, sie zu ermutigen, aber die Kleine hatte so große Angst, dass sie sich an nichts heranwagte. Daraufhin brachten die Eltern sie zu einem Kinderpsychotherapeuten in Behandlung, und das Mädchen hat diese Probleme heute nicht mehr.

Wir hoffen und wünschen Ihnen, dass Sie jetzt, nachdem Sie das alles gelesen haben, kein schlechtes Gewissen bekommen oder sich als Rabeneltern fühlen. Vielleicht finden Sie dieses Kapitel schwer zu lesen, und es steht vieles darin, was Sie verarbeiten müssen? Seien Sie lieber froh, dass Sie Probleme noch rechtzeitig erkannt haben und nun reagieren und endlich entsprechend handeln können!

Gehen Sie eines nach dem anderen an – Sie schaffen das!

> Tun Sie heute etwas, für das Ihr zukünftiges Ich Ihnen dankt!
>
> UNBEKANNT

IM JETZT LEBEN

Der Dalai-Lama soll einmal gesagt haben:

> Der Mensch opfert seine Gesundheit, um Geld zu machen.
> Dann opfert er sein Geld, um seine Gesundheit wiederzuerlangen.
> Und dann ist er so ängstlich wegen der Zukunft, dass er die Gegenwart nicht genießt.
> Das Resultat ist, dass er nicht in der Gegenwart oder in der Zukunft lebt.
> Er lebt, als würde er nie sterben.
> Und dann stirbt er und hat nie wirklich gelebt …

Irgendwann hat jeder von uns schon mal das Gefühl genossen, dass alle Puzzleteile am richtigen Platz liegen: Dann erleben wir für einen ganz kurzen Augenblick eine Ruhe und innere Stille, in der wir gern verharren würden und von der wir gern viel mehr hätten.

Sie wissen sicher, was wir meinen – diese Augenblicke überwältigender Liebe und intensiver Freude, die Sie mit Ihrem Kind, Ihrem Partner, Ihrem Haustier oder bei einem fantastischen Naturerlebnis erfahren können. Diese Momente sind ein kleiner Vorgeschmack auf ein bewusstes Leben im *Jetzt!*

Warum fällt es uns Menschen so unglaublich schwer, im Jetzt zu leben? Das Gehirn ist zukunftsorientiert, unternehmungslustig und unglaublich kreativ, daher beschäftigen und interessieren uns die Zukunft und die Vergangenheit mehr als das Jetzt.

Die Vergangenheit verleiht uns eine Identität, und die Zukunft enthält die Hoffnung auf Erfolg und Glück.

Gedankenrauschen

Wir Menschen sind von unseren Gedanken wie besessen. Dieses Monologisieren im Kopf geht sofort los, wenn wir morgens aufwachen, und läuft stetig weiter, bis wir wieder schlafen gehen. Gestresste Menschen schaffen es kaum, ihre Gedanken auch nur zehn Sekunden anzuhalten.

Der Intellekt und die Gedanken sind die größten Aktivposten, die wir als Menschen besitzen, aber wenn der Gedankenstrom die Kontrolle übernimmt und wir es versäumen, das Jetzt zu genießen, dann wird unser innerer Monolog auch zu einer großen Last. Wir müssen ein gesundes Gleichgewicht zwischen dem Bewusstsein (dem Jetzt) und den Gedanken an das Vergangene und die Zukunft anstreben.

Viele Menschen merken nicht einmal, dass sie tatsächlich die ganze Zeit über ununterbrochen denken. Der Monolog im

Kopf kommentiert, spekuliert, verurteilt, vergleicht, beklagt, findet etwas gut und etwas schlecht und so weiter. Für viele Menschen ist diese Stimme in ihnen die Ursache für Stress, ein schlechtes Selbstwertgefühl, Unglück und Verzweiflung.

Das Jetzt ist eine Wirklichkeit, die immer ganz nah ist, die wir aber nur selten beachten.

Es fällt uns schwer, das Jetzt zu erleben, weil unsere Gedanken immer so viel Krach machen.

MATS ERZÄHLT

Ein Erlebnis beim Einkauf im örtlichen Supermarkt brachte mich zum »Aufwachen«. Ein Mann, den ich nicht kannte, ging herum und führte laut Selbstgespräche. Er überlegte, was er zu Abend essen und wen er noch anrufen sollte. Wie reagierten die anderen Kunden auf sein Verhalten? Natürlich mit Befremden. Die Leute machten Umwege, um dem Mann mit dem merkwürdigen Verhalten aus dem Weg zu gehen. Da ging mir auf, dass wir alle eigentlich exakt genauso sind. Die Worte, die er laut und deutlich aussprach, denken wir sogenannten »normalen« Menschen still und für uns selbst im Kopf.

Jagd nach dem Glück

Alkohol, Essen, Sex, Sport und Drogen sind Beispiele für sehr kurzfristige Genüsse, die ständig nach einem neuen Kick verlangen.

Das Glück währt immer nur eine begrenzte Zeit, deswegen sind wir Menschen ständig auf der Jagd nach Adrenalinkicks. Eine amerikanische Studie zeigt, dass der neue Job, die neue Beziehung oder die neue Wohnung nach drei Monaten keine große Wirkung mehr haben. Wir kaufen heutzutage zum Beispiel mehr Dinge als je zuvor, aber auch das führt nicht zu längerer Zufriedenheit.

Lernen wir es denn nie? Viele Menschen sind absolut davon überzeugt, dass die nächste Beziehung, Renovierung, der nächste Urlaub, Job, das nächste Kind und so weiter sie endlich »richtig« glücklich machen werden.

> Unsere Sehnsucht nach der Zukunft führt dazu, dass wir vergessen, im Jetzt zu leben.
>
> SCHWEDISCHES SPRICHWORT

Die meisten Menschen sind von der Zukunft besessen, weil sie im Jetzt so unzufrieden sind. Und viel zu viele glauben auch, dass sich das Glück im Geld findet. Stellen Sie sich einmal vor, Sie würden mit einem Rubbellos eine Million gewinnen. Wenn Sie zuvor nicht gelernt haben, im Jetzt zu leben, werden Sie nach kurzer Zeit wieder an Ihrem Ausgangspunkt angelangt sein.

Echtes Glück kann man nur im *Jetzt* erleben!

Micael Dahlén schreibt in seinem Buch *Nextopia* viel Interessantes über die »Erwartungsgesellschaft«. Wenn alles über das Internet zu erreichen ist, glauben wir seiner Ansicht nach, dass sich das Glück irgendwo dort in der Zukunft findet, nicht im Jetzt. Dass wir über Computer und Fernseher alle Dinge und Möglichkeiten, die es in der Welt da draußen gibt, sehen können, macht uns verrückt vor Verlangen, unser eigener, einfacher Alltag wirkt dagegen ziemlich grau.

Viele Menschen sind rastlos und wären gern woanders. Mit ihrem Hier und Jetzt sind sie selten oder nie zufrieden.

Finden Sie auch, dass Ihre Tage, Monate und Jahre viel zu schnell vorbeirauschen? Es gibt nur eine einzige Möglichkeit, unsere erlebte Zeit zu bremsen – indem wir bewusster im Jetzt leben!

ALLES UND DOCH NICHTS

Freunde von uns mit zwei kleinen Kindern, 4 und 6 Jahre alt, verbrachten fast den ganzen Sommer unterwegs, voller Aktivitäten. Sie besuchten die Astrid-Lindgren-Welt, den Aquapark

Skara Sommarland, den Freizeitpark Liseberg und Freunde in verschiedenen Ecken Schwedens. Als wir uns im Spätsommer trafen, fragten wir, wie es ihnen gefallen hat – und das war die Antwort: »Es fühlt sich an, als wären wir im Sommer wirklich überall gewesen und doch nirgendwo!«

Glücksmoment

Als der schwedische Fußballprofi Henrik Rydström das allerletzte Spiel seiner Karriere bestritt, geschah etwas sehr Interessantes, wie er erzählt:

> Mein letztes Spiel ist vorbei. Als ich zu den Rängen aufschaue, sehe ich ein wohlbekanntes Gesicht: Aldor, mein erster Jugendtrainer aus Listerby, ist den ganzen Weg aus Blekinge gekommen, um das Spiel zu sehen. Ich gehe zu ihm, strecke ihm die Hände entgegen, er nimmt sie, und ich sage: Aldor, wie schön, dich zu sehen. Er bekommt kein Wort heraus, hat Tränen in den Augen, und es ist ein solcher Moment, ein solcher Augenblick, der anhält, der bleibt und der eigentlich jeden schweren Trainingstag in Gegenwind, Kälte, Regen und Schnee wert war, es ist ein solcher Augenblick, der im Grunde alles wert ist.

In diesem magischen Moment war Henrik ganz bewusst da und bekam einen Einblick in das Jetzt, wenn es am größten und wunderbarsten ist. Die schönsten Augenblicke des Lebens sind die, in denen wir uns voll konzentrieren und ganz bewusst im Jetzt sind.

Wenn wir lernen, bewusster im Jetzt zu sein, ist das der Beginn einer fantastischen Reise. Sie wird dazu führen, dass wir inneren Frieden und gleichzeitig ein Wachsein, eine Freude und Lebenserfüllung erfahren, wie wir sie wahrscheinlich zuvor selten oder noch nie erlebt haben.

Zu Anfang schaffen wir es vermutlich nur, kurze Einblicke ins Jetzt zu erhaschen, um später, wenn wir geübt sind, die Möglichkeit zu haben, deutlich bewusster und länger dort zu verweilen.

Die gute Nachricht ist, dass wir durchaus unsere eigenen Gedanken betrachten und feststellen können: Das ist der Monolog in meinem Kopf, und hier bin ich und höre zu. Wenn wir diesem Gedankenmonolog zuhören, sind wir uns nicht nur unserer Gedanken bewusst, sondern auch – als Zeuge dieser Gedanken – unserer selbst. Ein neues Bewusstsein breitet sich in Ihnen aus.

Jedes Mal, wenn wir eine Lücke in den Gedankenstrom reißen, entsteht ein Kontakt mit dem Jetzt. Bei den meisten Menschen ergeben sich solche Lücken nur selten und oft aus purem Zufall. Sie können in Zusammenhang mit intensiven Erlebnissen auftreten, bei körperlicher Nähe oder extremer körperlicher Anstrengung. Auf einmal herrscht dann eine kostbare Stille.

Leider sind solche Augenblicke immer nur kurz, denn die Gedanken drängen sich rasch wieder in den Vordergrund.

Es hat sich gezeigt, dass wir größeres Glück empfinden, wenn wir es schaffen, gefühlsmäßig und mental das, was wir tun, bewusst zu tun.

Zu erlernen, mehr Zeit im Jetzt zu verbringen, ist das beste Geschenk, das wir uns machen können.

Wenn Sie Ihr Leben verändern möchten, dann machen Sie es sich zum Ziel, sich so oft wie möglich auf das Jetzt zu konzentrieren. Machen Sie es sich zu einer Gewohnheit, die Aufmerksamkeit so gut wie nur irgend möglich von der Vergangenheit und der Zukunft abzulenken. Achten Sie bewusst darauf, wie oft Sie Ihre Aufmerksamkeit auf den Augenblick fokussieren. Das hilft Ihnen dabei, schnell wieder ins Hier und Jetzt zu finden.

Wachen Sie aus Ihrem Zustand der Unbewusstheit auf. Benutzen Sie Ihre Sinne. Stellen Sie sich folgende Fragen: Wer ist hier bei mir? Welche Geräusche höre ich? Wie sieht es hier um mich herum aus, wo ich mich gerade befinde? Was rieche ich? Achten Sie darauf, Ihre Eindrücke nicht zu bewerten.

Nehmen Sie Ihre Atmung bewusst wahr, spüren Sie die Luft, die ein- und ausströmt. Richten Sie Ihre Aufmerksamkeit ganz auf das JETZT und zählen Sie auf, welche Probleme Sie genau in diesem Augenblick haben.

Es ist unmöglich, zu lange um Probleme zu kreisen, wenn Sie sich komplett auf das ***Jetzt*** konzentrieren!

Jetzt-Übungen

Bewusster im Jetzt zu leben, erfordert viel Geduld und Übung. Ein sinnvolles Ziel dabei ist es, anzustreben, die Momente im Jetzt zu verlängern und die Zeit, in der die Gedanken in der Vergangenheit oder in der Zukunft weilen, zu verringern. Jedes Mal, wenn Sie eine Lücke in Ihren Gedankenstrom reißen, wächst Ihr Kontakt mit dem Jetzt. Nehmen Sie sich als große Herausforderung vor, einige der folgenden Übungen regelmäßig durchzuführen:

Meditation/Bewusste Atmung

Konzentrieren Sie sich jeden Tag, so oft Sie können, auf Ihre Atmung. Jede bewusste Atempause ist hilfreich. Wenn Ihre Gedanken dabei in eine andere Richtung wandern, nehmen Sie auch das wahr und konzentrieren Sie sich weiter auf die Atmung. Praktizieren Sie das eine Minute lang, fünf Minuten oder eine halbe Stunde!

Schließen Sie die Augen. Sagen Sie bei jedem Einatmen im Geiste EIN. Bei jedem Ausatmen sagen Sie innerlich AUS. Konzentrieren Sie sich auf Ihr Ein- und Ausatmen. Atmen Sie und lassen Sie alles so sein, wie es ist.

Konzentration

Ganz gleich, wo Sie sich gerade befinden: Holen Sie ab und zu tief Luft und sagen Sie sich selbst im Stillen: Was geschieht hier und jetzt? Schenken Sie jeder Routinehandlung Ihre ganze Konzentration und Aufmerksamkeit.

Affirmation

Wiederholen Sie mindestens einmal täglich die folgende Affirmation eine bis drei Minuten lang. So verstärken Sie Ihre Absicht, ganz bewusst im Jetzt zu leben: »Ich will ganz und gar im Jetzt leben.«

Den Gedankenfluss aufhalten

Um fünf bis zehn Sekunden lang ganz im Jetzt zu sein, fragen Sie sich im Geiste: Was ich wohl als Nächstes denken werde?

Körperscan

Diese Bewusstseinsübung dient dazu, den eigenen Körper besser kennenzulernen und die Aufmerksamkeit ganz auf den Leib zu lenken. Im Internet gibt es dazu passende Apps oder CDs, die Sie dabei unterstützen.

Yoga/Qigong

Kombinierte Körper- und Atemübungen stärken den Körper und schärfen das Bewusstsein. Auch durch solche Übungen können Sie den eigenen Körper besser kennenlernen.

Test: Wie sehr leben Sie schon im Jetzt?

Wie wichtig es ist, im Jetzt zu leben, wissen Sie nun schon. Mit diesem Test können Sie überprüfen, wie sehr sie schon im Moment leben. Wählen Sie bei den folgenden Fragen eine der drei Alternativen als Antwort: »sehr oft«, »selten« oder »nie«.

	sehr oft	selten	nie
Wie oft denken Sie, dass es besser wird, wenn Sie dieses oder jenes tun?	☐	☐	☐
Wie oft haben Sie das Gefühl, dass Ihr Leben einfach vorbeirast, ohne dass Sie es beeinflussen können?	☐	☐	☐
Wie oft waren Sie von einem Urlaub oder einer Freizeitaktivität enttäuscht, weil Ihre Auszeit nicht zu dem geführt hat, was Sie brauchten?	☐	☐	☐
Wie oft stellen Sie Ihre Bedürfnisse und sich selbst hintenan?	☐	☐	☐
Wie oft ignorieren Sie bewusst Ihre körperlichen Symptome?	☐	☐	☐

Auflösung:

Wenn Sie vier oder mehr Fragen mit »sehr oft« beantwortet haben, sollten Sie überprüfen, ob Sie Ihre Einstellung zum Jetzt nicht ändern können.

Wenn Sie auf die meisten Fragen mit »selten« oder »nie« geantwortet haben, sind Sie hoffentlich schon ein gutes Stück auf dem richtigen Weg.

Überdenken Sie Ihre Antworten und verbinden Sie sie mit Ihrer eigenen Definition von Glück.

Die Billmarkmethode

Die folgende, effektive Methode trägt dazu bei, dass Sie bewusster im Jetzt leben.

1. **Sagen Sie, laut oder nur im Geiste: JETZT.** Das bewirkt, dass Sie innehalten, und eine wirksame Lücke in Ihrem Gedankenstrom entsteht.

2. **Konzentrieren Sie sich auf die nächsten fünf Atemzüge.** Sagen Sie dabei zu sich selber jeweils ruhig: »Einatmen.« – »Ausatmen.«

3. **Sagen Sie, was Sie gerade tun, laut oder nur im Geiste.** Seien Sie dabei genau, beschreiben Sie es detailliert. Benutzen

Sie keine wertenden Wörter wie: lecker, eklig, gut, hässlich. Zum Beispiel: »Ich sitze an meinem Computer und schreibe meinem Sohn eine E-Mail. Jetzt schicke ich sie weg …« Oder: »Jetzt esse ich einen Salat mit Tomaten, Gurken und Krabben. Ich spieße eine Krabbe auf die Gabel und stecke sie in den Mund …«

Setzen Sie sich zum Ziel, eine dieser Übungen oder alle Übungen mindestens einmal pro Tag zu machen. Konzentrieren Sie sich, so oft Sie können, auf Ihre Atmung. Sich auf die Atmung zu konzentrieren ist der Schlüssel und eine Voraussetzung dafür, wenn Sie bewusster im JETZT leben möchten!

DAS EGO

Der Autor und spirituelle Lehrer Eckhart Tolle schreibt in seinem fantastischen Buch *Eine neue Erde:*

> Die Menschheit steht vor einer lebenswichtigen Wahl, entweder wir leben weiter in dem alten, vom Ego gesteuerten Bewusstsein, oder wir wählen das neue, von der Gegenwart gesteuerte Bewusstsein.

Das Ego hasst das Jetzt und empfindet das Leben als einen Leidensweg, als etwas, das man aushalten muss, um irgendwann in der Zukunft glücklich zu werden …

Das Ego kann nie genug bekommen, und nichts ist gut genug.

Um das Ego zufriedenzustellen und »glücklich« zu werden, jagen die Menschen Macht, Geld, Bestätigung, Besitz und einem durchtrainierten Körper hinterher. Für eine kurze Zeit fühlen sie sich dann etwas besser … Doch dann kehrt immer wieder dieselbe Leere zurück.

Solange das Ego Ihr Leben lenkt, müssen Sie immer neuen Erlebnissen, Dingen und Kicks hinterherlaufen …

Die Bedürfnisse des Egos lassen sich nämlich nie ganz erfüllen. Wenn Ihr Ego die Macht über Sie hat, werden Sie immer ein Gefühl von Mangel und Angst empfinden.

Das Ego will nie stillsitzen, sucht ständig nach Bestätigung und hat den Drang, andere Menschen zu beurteilen. Das Ego hat auch ein großes Kontrollbedürfnis und immer haushohe Erwartungen.

Wie stark Ihr Ego ist, hängt davon ab, wie sehr Sie sich mit Ihren Gedanken identifizieren und wie sehr Sie zulassen, dass der Gedankenmonolog in Ihrem Kopf Ihre Handlungen und Entscheidungen steuert.

Wir müssen uns selbst von außen betrachten und zu uns sagen: Hier bin ich, und dort sind die Gedanken, die in meinem Kopf kreisen.

> Das Ego ist das falsche Selbst und glaubt, dass wir voneinander und von der Welt getrennt sind.
>
> WAYNE W. DYER

Je größer Ihr Ego ist, umso weiter entfernen Sie sich von Ihrem wahren Selbst.

Das Ego ist nicht, wer Sie wirklich sind. Das Ego ist ein Selbstbild, eine soziale Maske, eine Rolle, die Sie spielen.

FACEBOOK

Als ich unsere Facebookseite einrichtete, merkte ich selbst, was das Ego mit einem anstellen kann. Von Anfang an war die Seite ein Riesenerfolg. Mein Ego wuchs im Takt mit der Menge an Leuten, die sie jeden Tag »likten«. Jedes Mal, wenn ich auf die Seite ging, bekam ich die Bestätigung, dass ich/die Seite sehr beliebt war, und die Endorphinkicks waren riesig. Meinem Ego ging es damit so gut, dass ich bald immer – kaum dass ich mich ein bisschen matt fühlte – sofort auf Facebook ging und eine neue Dosis Bestätigungsendorphine brauchte. Ich wurde geradezu süchtig danach, neue Likes und positive Kommentare zu bekommen. Schließlich »weckte« Susan mich so: Findest du nicht, dass es sich langsam verkehrt und merkwürdig anfühlt, durch dein Ego zu leben, wo du doch über genau das Gegenteil schreibst? In dem Augenblick »wachte ich auf« und sah ein, wie verkehrt und merkwürdig ich mich verhielt. So einfach war es also, in diese Sackgasse zu gelangen – und das selbst für mich, der ich doch glaubte, mir dessen bewusst zu sein.

Indem wir im Jetzt bleiben und Dankbarkeit für alles, was ist, und für alles, was wir sind, empfinden, zähmen wir unser Ego.

Am Ende des Kapitels über das Selbstbewusstsein finden

Sie die Übung mit dem Dankbarkeitsbuch. Das kann eine gute Stütze auf dem Weg sein, das Ego zu verkleinern.

Wenn Sie gelernt haben, gegenwärtiger im JETZT zu leben, können Sie sich vom ungesunden Ego verabschieden. Um inneren Frieden zu finden und nicht mehr schnellen Kicks hinterherzujagen, müssen wir das Ego loswerden und weniger denken. Das erreichen wir nur, wenn wir mehr Zeit im JETZT verbringen

> Wenn du dich mit deinem Ego identifizierst, hängt dein Selbstwert immer an äußeren Leistungen.
>
> ECKHART TOLLE

ERWARTUNGSSORGEN

Erwartungssorgen stellen sich ein, wenn wir uns ausmalen, dass etwas Trauriges oder Schlimmes passieren wird. Die Wahrheit ist, dass die Wirklichkeit nie so schlimm wird, wie wir sie uns vorstellen.

Registrieren Sie jeden Moment, in dem Sie sich wegen etwas Sorgen machen, das Ihrer Überzeugung nach passieren wird, und vergleichen Sie es mit dem, was dann tatsächlich eintritt. Sie werden feststellen, dass Ihre Sorgen nur Fantasievorstellungen sind, die nichts mit der Wirklichkeit zu tun haben.

Seien Sie ehrlich zu sich selbst und überlegen Sie, wie oft Ihre Sorgen Ihr Handeln bestimmt haben. Oder schlimmer noch, Sie haben einfach nie das getan, was Sie gern tun wollten, weil die Sorge zu stark wurde und Ihre »Was-wäre-wenn-Gedanken« die Kontrolle übernommen haben. Wie viele spannende Erlebnisse haben Sie deswegen verpasst?

MATS' VERZICHT AUF EINE REISE

Einmal wurde mir von meinem Arbeitgeber eine Wochenendreise angeboten. Wir hatten unser Budget eingehalten und durften zur Belohnung nach Paris fahren. Damals litt ich stark unter Sorgen und Ängsten, für mich war es also völlig undenkbar, mich in ein Flugzeug zu setzen. Sobald ich die Einladung zur Reise bekommen hatte, kreisten in meinem Kopf negative Gedanken. »Stell dir vor, das Flugzeug stürzt ab und du stirbst.« »Stell dir vor, ich muss das Zimmer mit jemandem teilen, den ich nicht so gut kenne, und ich kann nicht schlafen.« »Stell dir vor, ich verlaufe mich in einer Großstadt und werde zusammengeschlagen und ausgeraubt.« »Stell dir vor, ich bekomme eine schwere Panikattacke und kann nicht in ein Krankenhaus gehen.«

Tief im Innersten wollte ich natürlich gerne mitfahren, weil ich noch nie in Paris gewesen war. Aber wegen all dieser eingebildeten negativen Gedanken verzichtete ich auf die Reise. Als meine Kollegen nach ihrer Rückkehr erzählten, was sie dort alles Tolles erlebt hatten, ging es mir noch schlechter.

SUSAN LIESS EIN KLEINES MISSGESCHICK UNNÖTIG GROSS WERDEN

Mir passierte mal ein kleines Missgeschick, und anschließend machte ich aus einer Mücke einen Elefanten. Wir waren gerade frisch umgezogen, und ich stieß beim Parken mit unserer Autotür an das Auto des Nachbarn. Anderthalb Tage fühlte ich mich schlecht, weil ich mir ausmalte, wie negativ mein Nachbar reagieren würde. Ich dachte, da wäre ein Kratzer oder sogar eine kleine Beule, und hatte panische Angst davor, dass der Nachbar wahnsinnig wütend auf mich sein und mich ausschimpfen würde. Später traf ich ihn auf dem Parkplatz, ging zu ihm und erzählte ihm, was passiert war. Er sagte, ihm sei nichts aufgefallen. Es gab keine Beule und keinen Kratzer, sondern nur etwas Staub, der sich wegwischen ließ. Er dankte mir für meine Ehrlichkeit, und damit war die Geschichte aus der Welt. Ich hatte mir anderthalb Tage lang Sorgen gemacht und mir ausgemalt, was alles geschehen würde – und das völlig unnötig. Was für eine Verschwendung von Energie!

Das ist ein klassisches Beispiel dafür, wie wir immer das Schlimmste erwarten, wenn wir sowieso schon unter Stress und Sorgen leiden.

Wir steigern uns in Nichtigkeiten und eine Unmenge negativer »Was-wäre-wenn-Gedanken« hinein, was unsere Adrenalinproduktion hochfährt. Wenn sich diese Anlässe häufen, sind wir ständig voller Sorgen und Angst.

Sowohl negative wie auch positive »Was-wäre-wenn-Gedanken« sind ein Ausdruck der Erwartung. Die eine Erwartung verstärkt Sorgen und Angst, die andere erfüllt uns mit Zuversicht und Wohlgefühl. Sie können selbst wählen, welche Gefühle Sie auslösen wollen.

Es ist bequem, in negativen Gedanken zu verharren, aber das bringt uns nicht weiter. Eine Entwicklung hin zum Positiven tritt jedoch ein, wenn wir uns in positiven Gedanken üben. Es geht darum, welche Art zu denken uns zur Gewohnheit wird.

Ein erster Schritt dazu ist, im Alltag bewusst positive, realistische »Was-wäre-wenn-Gedanken« einzuüben.

> Beginnen Sie immer mit der Erwartung, dass etwas Gutes geschehen wird.
>
> NIDO QUBEIN

SORGEN

Ein 85-jähriger Mann, der erfuhr, dass er bald sterben würde, sagte über Sorgen Folgendes: »Wenn ich mein Leben noch einmal leben dürfte, hätte ich mehr echte Probleme und weniger eingebildete.«

Untersuchungen zeigen, dass »Otto Normalverbraucher« sich wöchentlich ungefähr zwanzig Stunden lang Sorgen macht. Und stark gestresste Menschen machen sich vermutlich eher noch doppelt so viele Sorgen! Stellen Sie sich vor, dass Sie diese Stunden jede Woche im Jetzt verbringen oder damit, positive Ziele für die Zukunft zu formulieren.

Viele besorgte und ängstliche Menschen sind obendrein noch hypochondrisch veranlagt. Sie fürchten ständig, unheilbar krank zu sein.

Wenn Sie Zukunftsangst verspüren, gibt es einen guten Trick dagegen. Fragen Sie sich mehrere Male, wie wahrscheinlich das Szenario ist, das Sie sich ausmalen. Ist es realistisch anzunehmen, dass das, worum Sie sich sorgen, wirklich geschehen wird? Sie werden merken, dass fast all Ihre negativen Gedanken niemals Wirklichkeit werden.

Sagen Sie sich laut: »Warum mache ich mir Sorgen über etwas, das noch gar nicht passiert ist?«

MATS QUÄLTE SICH MIT SEINEN SORGEN

Ich habe mir oft Sorgen gemacht, dass Julia oder Susan etwas passieren könnte, besonders wenn Susan eine längere Autofahrt oder eine Flugreise plante. Sofort malte ich mir Schreckensszenarien aus, dass sie verunglücken würde, und machte mir Sorgen, welche Folgen ihr Tod hätte. Darüber wurde ich total nervös, konnte mich nicht mehr konzentrieren, vergaß das Jetzt, war durcheinander und wurde immer besorgter und ängstlicher.

Jetzt verschwende ich keine Zeit mehr mit Spekulationen. Ich frage mich, ob meine Gedanken realistisch sind – wohl kaum! Kann ich Susans Situation durch meine Sorgen beeinflussen? Überhaupt nicht!

Ich sorge mich manchmal um meine Gesundheit. Wenn die Sorgen noch da sind, nachdem ich mir alle Fragen gestellt habe, dann gehe ich eben zum Arzt. Ich bitte ihn, die notwendigen Untersuchungen durchzuführen. Sollte sich dabei herausstellen, dass meine Sorgen nicht grundlos waren, kann ich mir dann wenigstens dankbar sein, weil ich frühzeitig ärztliche Hilfe gesucht habe. Aber die Wahrscheinlichkeit, dass man eine schwere Krankheit findet, ist minimal!

So befreien Sie sich von unrealistischen Sorgen

Halten Sie sich jeden Abend zehn Minuten als explizite »Sorgenzeit« frei, zum Beispiel von 20.50 Uhr bis 21 Uhr. Sobald Sie sich tagsüber Sorgen machen, sagen Sie zu sich: »Daran werde ich heute Abend denken und mir dann darüber den Kopf zerbrechen.« Jeden sorgenvollen Gedanken legen Sie beiseite, bis zu jenen zehn Minuten am Abend, die Sie zur »Sorgenzeit« deklariert haben. Sie werden sicher feststellen, dass Sie, wenn es 20.50 Uhr ist, mindestens 90 Prozent davon vergessen haben!

Die Sorgen, die dann noch übrig sind, können Sie konstruktiv bearbeiten:

- Schreiben Sie auf, was Ihnen Sorgen macht.
- Schreiben Sie auf, was Sie unternehmen wollen, um Ihre Probleme zu lösen oder zu minimieren.
- Schreiben Sie auf, wann Sie das angehen wollen.
- Tun Sie es dann auch.

Eine andere, effektive Methode nennt sich Fluss:

Stellen Sie sich vor, dass Sie an einem Fluss oder Strom sitzen.

Es fallen große Herbstblätter ins Wasser und fließen mit der Strömung weg. Stellen Sie sich vor, dass Sie Ihre Sorgen und Angstgedanken auf ein Blatt legen und davonschwimmen lassen.

> Machen Sie sich nur dann Sorgen, wenn die Sorgen helfen.
>
> UNBEKANNT

ANGST

Wir möchten dieses Kapitel gerne positiv beginnen.

Wenn Sie oft Sorgen und Ängste empfinden, bedeutet das, dass Sie über großes Potenzial verfügen. Wahrscheinlich sind Sie überdurchschnittlich intelligent. Sie sind vermutlich sehr kreativ und haben eine wunderbare Fantasie. Das sind tolle Eigenschaften! Wissenschaftliche Studien zeigen, wenn Sie diese einzigartigen Eigenschaften richtig einsetzen, dann sind Sie die besten Eltern, Partner, Freunde, Kollegen usw.

Tragischerweise tendieren wir Menschen mit übersteigerten Sorgen dazu, unsere Gedankenkraft dafür zu verwenden, uns selbst Angst einzujagen. Wir analysieren alles bis ins Kleinste und benutzen unsere lebhafte Fantasie dazu, den Teufel an die Wand zu malen.

Wenn wir unseren Sorgen und Ängsten die Kontrolle über unser Denken überlassen, fangen wir an, alles, was wir tun, in Frage zu stellen.

Das Leben wird so zu einem zögerlichen Vorantasten anstelle einer spannenden Entdeckungsreise. Viele von uns sind schon so sehr an ihre Sorgen und Ängste gewohnt, dass sie diese als natürlichen Zustand akzeptiert haben. Erst wenn wir uns dem

Problem widmen, erkennen wir, wie viel Zeit, Kraft und Energie das alles gekostet hat.

Wenn wir in gestressten und anstrengenden Situationen landen, verursachen unsere übertriebenen Sorgen und Ängste ein kriechendes Unlustgefühl. Menschen, die unter Angstgefühlen leiden, erleben häufig:

- angsteinflößende, unkontrollierbare Gedanken
- deprimierende Gefühle
- starkes Kopfweh
- Schweißausbrüche
- Herzklopfen
- Gefühle der Hilflosigkeit
- große Müdigkeit – Erschöpfung
- Panik
- Muskelverspannungen
- Gefühle der Wertlosigkeit

Unsere übertriebenen Sorgen und Ängste können uns aber auch dazu bringen, eine Verteidigungshaltung einzunehmen, die sich in Aggressivität oder Misstrauen äußert.

ANGST VOR DEM TOD

Henrik war ein Mann von knapp dreißig und arbeitete als Ökonom in einem großen schwedischen Unternehmen. Er war seit vier Jahren verheiratet und hatte einen zweijährigen Sohn. Was keiner wusste: Henrik dachte oft an den Tod. Eines Tages bekam er plötzlich starke Brustschmerzen; er war überzeugt, dass er einen Herzinfarkt hatte, und fuhr sofort ins Krankenhaus. Dort fand man nichts. Dieses Szenario wiederholte sich im nächsten halben Jahr noch ein paar Mal. Henrik bildete sich in der Folge auch andere ernste Krankheiten ein. Als er Rückenschmerzen bekam, hatte er Todesangst, weil er glaubte, es sei Knochenkrebs. Nach ein paar Tagen mit Kopfweh bekam er Panik und dachte, es sei ein Hirntumor. Um seine ständigen Sorgen und Ängste zu dämpfen, trank Henrik immer mehr Alkohol. Schließlich sah er ein, dass er professionelle Hilfe benötigte. Henrik litt an einer Angststörung.

Drei von vier Personen in Schweden haben Erfahrung mit psychischen Krankheiten, entweder ihren eigenen oder denen naher Angehöriger. In Deutschland leidet nach einer Studie des Robert-Koch-Instituts jeder Dritte unter psychischen Problemen. Psychische Krankheiten sind so häufig, dass sie zumindest indirekt die Mehrheit der Bevölkerung betreffen. Und doch sprechen nur wenige offen über ihre Probleme. Das

Schweigen kann leider dazu führen, dass viele zu lange warten, bis sie sich Hilfe suchen.

Was ist eine Angststörung?

Diese emotionale Störung wird von starken Ängsten, Sorgen und von Nervosität geprägt, die allesamt zwar auf echten Gefahren beruhen können, meistens aber bloß von Gedanken ausgelöst werden. Das Problem ist, dass unser Gehirn nicht zwischen einer echten und einer eingebildeten Gefahr unterscheiden kann. Die Folge ist, dass unser Körper tatsächlich mit einem Adrenalinanstieg und körperlichen Angstsymptomen reagiert, selbst wenn wir uns Geschichten zusammenfantasieren, von denen wir nur glauben, dass sie passieren werden.

Es sind unsere eigenen Gedanken, die unsere Sorgen und Ängste verursachen, nicht andere Menschen oder die Welt da draußen. Das Problem entsteht, wenn wir immer wieder negativen Gedanken über die Vergangenheit und Sorgen um die Zukunft nachhängen.

Wir machen dann den großen Fehler, an unsere eingebildeten, negativen Gedanken zu glauben.

MATS' ANGST

Das Gefühl, mir Sorgen zu machen, habe ich praktisch mein ganzes Leben mit mir herumgeschleppt. Seit ich sieben Jahre alt war, habe ich mir ständig Sorgen gemacht und mir viele Dinge vorgestellt, die mir Angst einjagten. Ich hatte ständig das Gefühl, dass etwas falsch läuft. Erst als ich Mitte Zwanzig war, wurde mir klar, dass ich an einer Angststörung litt. Es war eine Erleichterung, den Gefühlen, die mich so lange belastet hatten, einen Namen geben zu können. Ich erfuhr, dass eine Angststörung nicht unheilbar ist, sondern etwas, von dem ich mich befreien kann. Als mir klar wurde, wie viel Kraft die Angst kostete und wie sie mein Leben einschränkte, war ich bereit, die harte Arbeit anzugehen, die es bedeutete, mich meinen Sorgen und meiner Angst zu stellen. Es war die beste Entscheidung meines Lebens.

Drei wichtige Schritte zum Verständnis, wie man mit Sorgen und Angst umgehen kann:

- Wir finden heraus, welche Mechanismen hinter unseren Sorgen und Ängsten stecken.
- Wir erlernen wirksame Techniken, damit wir unsere Gedanken, unser Verhalten, unsere gefühlsmäßige Abwehr und unsere Art zu reagieren ändern.

- Wir probieren unsere neuen Fähigkeiten aus, indem wir etwas tun, das wir früher als unangenehm erlebt haben.

Einige Regeln, die man beherzigen kann

- Ist es wahrscheinlich, dass das, worüber Sie sich Sorgen machen, eintrifft?
- Versuchen Sie, die Situation realistisch zu erfassen.
- Berücksichtigen Sie Fakten, wenn Sie Voraussagen treffen.
- Es ist wichtig, alle Informationen zu nutzen, auch die positiven.
- Behandeln Sie »Was-wäre-wenn-Gedanken« als Fantasien.

Es kann schwierig sein, starke Ängste allein in den Griff zu bekommen. Deswegen empfehlen wir, ärztlichen Rat einzuholen und zu schildern, wie Sie sich in Ihrer Situation fühlen.

Beschränken Sie sich nicht auf Medikamente, Sie müssen Ihre Behandlung mit Hilfe eines Psychologen oder Verhaltenstherapeuten vervollständigen.

Sorgen sind Zeitverschwendung. Sie ändern nichts. Alles, was deine Sorgen und Ängste tun, ist, deine Freude zu stehlen und dich vom Jetzt zu entfernen.

SCHULDGEFÜHLE

Menschen, die oft Schuld empfinden, verschwenden Zeit damit, bereits vergangene Situationen erneut durchzukauen.

Manchmal entwickeln wir auch wegen ganz alltäglicher Dinge Schuldgefühle, zum Beispiel:

- weil wir mehr Zeit mit den Kindern, dem Partner, Freunden und Eltern verbringen sollten,
- weil wir gesünder essen und mehr Sport treiben sollten.

Wir wollen nett, freundlich, hilfsbereit sein und für alle und alles da sein, haben aber kaum noch Zeit für uns selbst. Wir stellen uns selbst oft an die zweite Stelle. Das kann zu Gefühlen wie Selbstverachtung führen, weil wir von uns selbst enttäuscht sind, wenn wir es nicht schaffen, nein zu sagen und Grenzen zu setzen.

Wir bekommen Schuldgefühle, fühlen uns verlassen, werden wütend, genervt und deprimiert.

Wir können auch Schuld wegen Dingen empfinden, die in unserer Kindheit passiert sind, im Zusammenhang mit einer zerbrochenen Familie, früher Trennung, mit Misshandlungen oder anderen schweren Erfahrungen. Was auch immer Ihnen als Kind geschehen ist, es war mit Sicherheit nicht Ihr Fehler!

Und trotzdem haben Sie über viele Jahre die Schuldgefühle mit sich herumgeschleppt.

EINE FRAU BERICHTET

Eine Frau, die uns aufsuchte, erzählte unter anderem, sie habe Schuldgefühle, weil sie ihre Eltern nicht geliebt hat. Sie hatte als Kind und Jugendliche kein besonders gutes Verhältnis zu ihnen. Die Beziehung zu den Eltern war schlecht, über Gefühle wurde nie gesprochen, niemand fragte, was sie wollte oder dachte. Sie hatte das Gefühl, dass sie einfach da war, ohne Grund oder Zweck. Sie wurde nie ermutigt, gelobt oder bei irgendetwas unterstützt.

Konflikte wurden nie gelöst, sondern verliefen im Sand. Sie konnte mit ihren Eltern nicht über ihre Probleme sprechen. Ihre ganze Kindheit hindurch glaubte sie, dass etwas mit ihr nicht stimmte, weil sie nicht sagen konnte, dass sie ihre Eltern liebte. Das fühlte sich schmerzhaft an, weil sie dachte, sie sei »unnormal«. Jetzt, da sie erwachsen ist, hat sie eingesehen, dass es nicht verkehrt war, sich so zu fühlen, wie sie es tat, und dass es vor allem nicht ihr Fehler war. Sie hat akzeptiert, dass es so war, wie es gewesen war, und hat ihren Eltern verziehen.

Die Beziehung ist heute etwas besser, und sie kann ihre Eltern ohne Schuldgefühle betrachten.

Wenn Sie sich selbst frühere Gedanken, Gefühle und Handlungen vergeben können, werden die Schuldgefühle verschwinden. Sie sind auch nur ein Mensch. Denken Sie manchmal auch an sich.

Lernen Sie, sich zu trauen, nein zu sagen.

Es ist völlig okay, ab und zu faul zu sein.

Sie dürfen manchmal Fehler machen.

Lernen Sie, Grenzen zu ziehen!

Worauf Ihre Schuldgefühle auch beruhen, sie hängen oft mit fehlendem Selbstwertgefühl zusammen. Das Selbstwertgefühl ist Ihr Wert als Mensch, wie Sie sich selbst wertschätzen. Arbeiten Sie daran, sich selbst zu akzeptieren und zu mögen, so wie Sie sind.

Um sich gut zu fühlen, müssen wir lernen, uns selbst und anderen zu verzeihen. Das ist wirklich nicht so einfach, aber erst dann können wir die Schuldgefühle hinter uns lassen und nach vorn schauen.

> Wenn man verzeiht, verändert man nicht die Vergangenheit, man verändert die Zukunft.
>
> UNBEKANNT

ERWARTUNGEN UND PFLICHTEN

Sind Sie oft enttäuscht von sich selbst oder Ihrer Umgebung? Die Enttäuschung geht Hand in Hand mit zu hohen Erwartungen. Unsere unrealistischen Erwartungen bescheren uns ständig Enttäuschungen in unserem Leben. Das führt dazu, dass wir uns gestresst und besorgt fühlen.

Wir alle waren schon mal auf einer Party und haben dann festgestellt, dass es dort gar nicht so lustig war, wie wir erwartet hatten. Das liegt oft daran, dass wir zuvor Erwartungen aufgebaut haben, wie toll und fantastisch es sein würde. Viele von uns haben auch schon die gegenteilige Erfahrung gemacht, dass wir uns auf einem Fest super amüsieren konnten, auf dem wir nur zufällig gelandet waren. Wenn wir nicht im Jetzt leben, sondern lieber in der Zukunft, bauen wir oft unrealistische Erwartungen auf. Wenn unser Alltag allzu grau ist, dann passiert es uns leicht, dass wir uns ganz auf das Vergnügen konzentrieren, das wir für die Zukunft geplant haben. Dieses Verhalten kann aber zu einem Problem werden, wenn wir nur noch für das leben, was vor uns liegt. Wenn wir stattdessen jedoch auch unserem Alltag einen gewissen

Glanz verleihen und kleine, alltägliche Freuden zu schätzen lernen, fällt es uns leichter, uns auf das Jetzt zu konzentrieren. Dann brauchen wir keine überhöhten Erwartungen aufzubauen, was in Zukunft geschehen soll, und unsere Sehnsucht und Realitätsflucht weg vom Jetzt wird kleiner.

Wenn Sie sich niedergeschlagen fühlen, so kann das daran liegen, dass eine Situation oder Person nicht Ihren Erwartungen entsprochen hat.

Manchmal werden Ihre Erwartungen nicht erfüllt werden. Dinge laufen schief. Leute in Ihrer Umgebung werden Sie enttäuschen, und Menschen sind nicht immer ehrlich. Manche werden Sie auch nicht immer so behandeln, wie Sie sie behandeln. Und es wird nicht immer gerecht zugehen.

Aber: Sie können wählen, wie Sie darauf reagieren und welche Haltung Sie einnehmen, wenn so etwas passiert.

MATS GIBT EIN BEISPIEL

Wenn ich einen Vortrag halten soll, kann ich mich dafür entscheiden, mir vorher Stress und Sorgen zu machen. Ich kann mir sagen: »Mats, das darf nicht schiefgehen, sag jetzt die richtigen Sachen und vergiss nicht das Wichtigste!« Ich kann

mich damit so nervös machen, dass ich es nicht mehr schaffe, vors Publikum zu treten. Aber ich kann mich auch dafür entscheiden, realistische Erwartungen an mich selbst zu haben, und mir sagen: »Ich bin gut vorbereitet. Ich mache es, so gut ich kann, und egal, wie mein Vortrag ankommt, ich verspreche, dass ich zufrieden mit mir sein werde, weil ich alles nach bestem Vermögen getan habe.«
Sehen Sie den Unterschied? Die Voraussetzungen, unter denen der Vortrag abläuft, sind sehr unterschiedlich. Wenn ich realistische Erwartungen an mich selbst habe, fühle ich mich nicht mehr unter Druck, ich werde ruhiger, und der Vortrag läuft viel besser.

Andere, unrealistische Erwartungen, die wir in uns setzen, sind zum Beispiel, dass wir immer gut aussehen und uns immer gut fühlen müssen – die ganze Zeit. Das ist nicht menschlich!

Niemand sieht immer gut aus, und *alle* fühlen sich hin und wieder schlecht.

Wir wollen auch, dass unsere Eltern und Partner stolz auf uns sein können, aber wir müssen einsehen, dass wir einen eigenen Wert haben, egal, ob wir etwas leisten oder nicht!

Anstelle danach zu streben, perfekt zu sein, sollten Sie darauf achten, sich so gut wie möglich zu fühlen und so zufrieden mit sich selbst zu sein, wie das in einer Welt, die weder gerecht noch perfekt ist, eben geht. Indem wir unsere Erwartungen herunterschrauben, realistischer sind und zufriedener mit dem, was wir bereits haben, schaffen wir uns ein friedlicheres Leben.

Je realistischer die Erwartungen, die wir in uns selbst setzen, desto größer die Chance, dass wir Zufriedenheit erlangen und glauben, dass wir gut sind, so wie wir sind.

> Wir denken zu viel und fühlen zu wenig.
>
> CHARLIE CHAPLIN

Heilung kommt durch Veränderung

Damit der Stress und die Sorgen unserem Leben nicht schaden, müssen wir etwas an unseren Erwartungen und alten Werturteilen verändern. Wir müssen uns neue Ansichten zulegen, was uns selbst, andere Menschen und die Welt um uns herum betrifft. Haben Sie einmal an alle Pflichten gedacht, die unserer Leben bestimmen? Sie sind Erwartungen, die wir an uns selbst richten, zum Beispiel:

- Eine bessere Mutter/ein besserer Vater zu werden.
- Ein besserer Partner zu werden.
- Mehr Zeit mit der Familie zu verbringen.
- Mehr Geld zu verdienen.
- Wieder mit dem Studium anzufangen.

- Abzunehmen.
- Den Arbeitsplatz zu wechseln.

Wer trägt eigentlich all diese Pflichten in Ihr Leben? Einige stammen wohl von Ihren Eltern, Freunden oder Ihrem Partner.

Listen Sie alle Ihre Pflichten auf. Nehmen Sie die weg, die nicht Ihre eigenen sind. Einige Ihrer Pflichten sind realistisch und andere nicht. Müssen Sie aus Gesundheitsgründen abnehmen oder weil sich Ihr Partner beschwert? Möchten Sie studieren, weil Sie glauben, dass das interessant wird, oder weil Ihre Eltern schon immer wollten, dass mal etwas aus Ihnen wird? Seien Sie ehrlich.

Was Sie tun müssen, ist, Ihre Pflichten in realistische Ziele umzuwandeln. Sie sollen das Gefühl haben, dass Sie das, wofür Sie sich entscheiden, wirklich tun wollen.

Wenn Sie sich entschieden haben, welche Pflichten Sie angehen wollen, und sicher sind, dass es Ihre eigenen sind, können Sie sie zu Zielen in Ihrem Leben umwandeln. Prüfen Sie genau, wie Sie sie umsetzen können. Machen Sie sich einen Plan, so dass Sie schon morgen den ersten Schritt tun können.

Denken Sie daran: Es ist nie zu spät! Sie sind nie zu alt! Alles hängt davon ab, wie sehr Sie an das glauben, was Sie tun wollen. Scheitern gibt es nicht! Die einzige Art zu scheitern, ist, es gar nicht erst zu versuchen!

Wann haben Sie zuletzt etwas zum ersten Mal getan?

UNBEKANNT

WAS HEISST PERFEKT?

Genau wie in unserem Äußeren streben wir auch in unserem Inneren nach Perfektion. Wir wünschen uns inneren Frieden, Glück und Harmonie.

Das Problem dabei ist, wir möchten unbedingt, dass unser Leben glücklich und ohne Probleme sein soll. Aber es ist nicht einfach, ein Mensch zu sein – gleichzeitig machen wir es uns manchmal aber auch schwerer als nötig!

Ein realistischeres Ziel wäre es, dass die Momente voller Harmonie und innerem Frieden etwas länger anhalten und sich etwas öfter einstellen. Dadurch vermindern sich auch der Stress, unsere Sorgen und Ängste.

Uns wird von allen Seiten täglich vorgegaukelt, dass unser Leben perfekt sein muss, und wenn es das nicht ist, werden wir unzufrieden. Mit dieser Einstellung werden wir nie glücklich! Das Wort perfekt sollten wir eigentlich gar nicht mehr verwenden. Nichts ist doch perfekt! Oder vielleicht ist eigentlich alles perfekt?

Unser Streben nach Perfektion ist so stark, dass wir uns gar nicht mehr zutrauen, gewisse Dinge in Angriff zu nehmen.

Die Gesellschaft signalisiert uns, wie wir sein sollen, wie wir wohnen sollen, wie wir aussehen sollen, um etwas wert zu sein. Solchen »perfekten« – und je nach Alter, Geschlecht und Lebenssituation ganz unterschiedlichen – Idealen streben viele Menschen nach.

Es tut weh, Kinder zu sehen, die sich nicht trauen, mit Papier und Buntstiften einfach loszulegen, aus Angst, es nicht »perfekt« zu machen. Bereits als Kleine haben sie schon ein Gefühl dafür, was als »hübsch« gilt und von der Umgebung gemocht wird.

Es tut auch weh, Teenager zu sehen, die sich selbst und ihren Körper gnadenlos kritisch mustern und versuchen, einem unwirklichen Idealbild zu entsprechen, das die Medien, andere Erwachsene und die übrige Gesellschaft erschaffen hat.

Erwachsene hätten gern, dass ihre Kinder perfekt sind. Genau wie der Partner sollen auch ihr Zuhause und ihre Freizeitaktivitäten eine perfekte Fassade zum Vorzeigen sein. Bei einer ganz gewöhnlichen Einladung ist das Gastgeberpaar manchmal schon erschöpft, bevor die Gäste überhaupt gekommen sind und das Fest angefangen hat.

Kein Mensch ist perfekt – oder wir sind alle perfekt – auf unsere individuelle Art!

ÜBERTRIEBENE ANFORDERUNGEN?

Ein typisches Beispiel: Eine Bekannte von uns beschrieb, wie es war, wenn sie und ihre Familie Freunde einluden. Wie üblich wollte sie, dass sowohl die Wohnung als auch das Abendessen perfekt waren. Eine Stunde, bevor die Gäste kommen sollten, war das Wohnzimmer voller Lego, die Kinder hatten sich noch nicht umgezogen, und das Essen war erst halbfertig. Am Herd merkte sie, wie ihr Puls stieg, ihr der Schweiß von der Stirn lief und das Herz bis zum Hals klopfte. Eine halbe Stunde später erbrach sie sich vor lauter Stress und Erschöpfung ins Klo.

Wir leben mit einer Illusion, wie alles sein soll. Wer will eigentlich mit perfekten Eltern oder Freunden aufwachsen? Wie sollen wir selbst einer solchen Umgebung entsprechen? Das führt nur zu Frustration und dem ständigen Gefühl, nicht gut genug zu sein. Alles wird zu einem Wettkampf.

Wenn wir versuchen, allen Anforderungen von uns selbst und unserer Umwelt gerecht zu werden, fühlt es sich an, als müssten wir daran zerbrechen. Möglicherweise schaffen wir es sogar, dass es nach außen hin gut aussieht, aber in uns läuft ein ständiger Konflikt ab. Wir fühlen uns gejagt, unzulänglich und wir bekommen ein schlechtes Gewissen. Früher oder später merkt man das unserem Körper an. Wir sacken in uns zusammen und schweigen. Den Blick gesenkt, rühren wir uns kaum noch und sind voller Angst. Wir fühlen uns gestresst und bekommen Bauch- und Kopfschmerzen.

»Ja, danke, mir geht's miserabel«

Wenn wir Bekannte treffen und fragen: »Wie geht's?«, bekommen wir meist die Antwort, alles sei in Ordnung. »Klar, uns geht's gut, und euch?« Wenn die Befragten stattdessen erzählen würden, wie es ihnen wirklich geht, würden Sie sicher lange stehen bleiben.

Wir glauben, dass es allen anderen gut geht. Aber alle haben ihre Sorgen, und manchmal ginge es uns vielleicht etwas besser, wenn wir uns trauen würden, miteinander darüber zu sprechen. Wir müssen uns trauen, unsere Schwäche zu zeigen.

Ist es etwa schon so weit mit uns gekommen, dass wir gar nicht mehr die Energie aufbringen, uns dafür zu interessieren, wie es den anderen geht? Haben wir keine Zeit mehr dazu?

Stattdessen achten wir peinlich genau darauf, andere nicht merken zu lassen, dass bei uns zu Hause, in unseren Beziehungen, auf der Arbeit und bei uns selbst nicht alles perfekt ist.

Wir haben solche Angst davor, uns verletzlich zu zeigen. Wer will schon derjenige sein, der nur jammert? Aber es muss kein Gejammer sein, wenn wir sagen, wie es ist. Wir müssen jedoch unsere Probleme aktiv angehen, und dazu kann auch gehören, mit jemand anderem darüber zu sprechen.

EIN PAAR WORTE ZUR VERLETZLICHKEIT

Wir werden oft gefragt, wieso wir das Risiko eingehen, so offen und persönlich zu sein. Die Leute glauben, dass wir mutig sind. Viele fragen uns, ob wir das nicht schlimm finden und ob wir keine Angst hätten, dass die Offenheit auf uns »zurückschlägt«. Für uns war diese Offenheit selbstverständlich. Wenn man ein solches Buch schreibt und über diese Themen spricht, dann ist es von großem Vorteil, wenn wir Geschichten von uns selbst erzählen können, in denen die Menschen sich wiedererkennen. Wir haben das noch nie als etwas Negatives erlebt. Im Gegenteil! Es ist unglaublich schade, dass nicht mehr Menschen das einsehen. Wenn wir uns trauen, uns zu öffnen und von uns selbst zu erzählen, dann bekommen wir so unendlich viel Positives zurück. Ich, Susan, habe einige Jahre als Gymnasiallehrerin gearbeitet. Ich war immer sehr offen gegenüber meinen Schülern. Ich erzählte viel von unserer Familie, unserem Leben und wie ich über alles dachte. Ich habe die Erfahrung gemacht, dass die Schüler es schätzten, wenn ich es wagte, zu zeigen, wer ich bin. Es ließ Geborgenheit und Vertrauen entstehen.

Verletzlichkeit macht Sie schön

Brené Brown, Forscherin an der Universität in Houston, USA, ist eine der weltweit führenden Experten zum Thema Verletzlichkeit. Sie zeigt auf, dass Schuldgefühle, Scham, Angst vor Zurückweisung und Ablehnung unserer Verletzlichkeit zugrunde liegen.

Gleichzeitig ist die Verletzlichkeit aber auch eine Voraussetzung für jenen Kontakt mit anderen, nach dem wir Menschen uns am allermeisten sehnen.

Browns Forschung belegt, dass wir Menschen gerne andere in ihrer Verletzlichkeit sehen möchten. Wir zeigen uns dann menschlich, wir verstehen einander, und wir spüren dadurch die Gemeinschaft. Aber – nur wenige wollen sich verletzlich zeigen!

Brené Browns Forschung belegt, dass diejenigen, die es wagen, verletzlich zu sein, auch dazu bereit waren, nicht mehr an der Aufrechterhaltung ihrer perfekten Fassade festzuhalten, und sich stattdessen trauten, sie selbst zu sein.

Auch für diese Menschen war es anstrengend, schwierig und unangenehm, sich zu offenbaren, aber sie sagten, dass sie gar keine andere Wahl hatten und dass es für sie notwendig war, sich verletzlich zu zeigen. Sie glaubten daran, dass das, was sie verletzlich machte, sie auch schön machte! Unter dieser Gruppe Menschen befanden sich auch diejenigen, die viele enge, authentische, liebevolle Beziehungen pflegten. Sie hatten die Fähigkeit, ohne Angst mit anderen Menschen umzugehen. Ohne Angst, zurückgewiesen oder abgelehnt zu werden.

Drei Mythen über Verletzlichkeit

Verletzlichkeit ist eine Schwäche.

Der gefährlichste Mythos. Daher ist der Mut, sich verletzlich zu zeigen, eine Stärke.

Verletzlichkeit kann man verdrängen.

Verletzlichkeit lässt sich nicht verdrängen. Wenn wir das versuchen, isolieren wir uns oder gehen auf Abstand zu anderen Menschen. Wir sollten uns lieber fragen: Wie reagiere ich, wenn ich mich verletzlich fühle?

Verletzlichkeit kann man an- und abschalten.

Verletzlich ist man eigentlich immer. Man muss sich jedoch nicht permanent so zeigen. Mit jedem Mal jedoch, wenn man sich traut, sich selbst anderen gegenüber zu öffnen, wird man ein bisschen mutiger. Es wird einem sehr viele positive Erfahrungen bringen, sich verletzlich und authentisch zu zeigen.

> Eine der schwierigsten Herausforderungen im Leben ist es, in einer Welt, die uns genauso wie alle anderen machen will, wir selbst zu sein.
>
> UNBEKANNT

Viele Menschen haben Angst, nicht gut genug zu sein, und machen sich Sorgen, was andere über sie sagen werden, wenn sie nicht genau so sind, wie sie »zu sein haben«. Es ist genau andersrum. Wenn wir uns menschlicher zeigen, werden wir mehr gemocht. Das führt dazu, dass wir einander besser kennenlernen und uns einander viel einfacher nähern können.

Wir möchten uns ineinander wiedererkennen. Das führt zu Verständnis und Sympathie füreinander, und wir spüren eine Gemeinschaft. Und dann geht es uns auch besser!

Es ist fantastisch, berühren zu können!
Alle Menschen möchten berührt werden!

Heute verbringen wir viel Zeit in den sozialen Medien und zeigen unser Leben. Die sozialen Medien haben unsere Ansicht, dass es allen anderen so viel besser geht, verstärkt. Die anderen haben interessantere Jobs, eine spannendere Freizeit und sind deswegen glücklicher als ich.

Nicht viele dagegen veröffentlichen ein Bild von der misslungenen Mahlzeit oder dem blöden Kuchen, der noch im Ofen in sich zusammenfiel. Und kaum jemand wird auf Facebook über die vergebliche Bewerbung schreiben, bei der man den Job nicht bekommen hat. Wir wollen keine »Loser« sein.

Warum glauben wir eigentlich, dass das Leben ein Wettbewerb ist?

SOZIALE MEDIEN

Wir beide haben inzwischen Facebookseiten, Homepages und Blogs. Natürlich wollen wir positiv sein und über das schreiben, was Energie und Inspiration gibt. Aber wenn wir uns trauen, besonders persönlich zu werden, wenn wir über etwas schreiben, das ein großes Problem für uns darstellt oder das tiefer geht, merken wir beide, dass die Kommentare und die Likes mehr werden.

Es kommt ein Punkt, an dem du einsehen musst, dass
du für manche Menschen niemals gut genug sein wirst.
Die Frage ist:

Ist das dein Problem oder deren Problem?

UNBEKANNT

GESUNDE GEDANKEN

Wenn Sie jemals von Stress und Sorgen frei sein wollen, dann ist das Wichtigste überhaupt, dass Sie mehr und bewusster im Jetzt leben und lernen, positiver zu denken und zu sprechen. Die negativen Gedanken bewirken, dass Sie in Stress und Sorgen stecken bleiben: Es fällt uns so leicht, uns selbst zu kritisieren und zu tadeln.

Unsere Gedanken rauschen ununterbrochen, und wenn wir uns besorgt und gestresst fühlen, liegt das meist an unserem negativen, ungesunden Denken.

In unserer Kindheit ist es entscheidend, ob unsere Familie unser Denken positiv prägt. Möglicherweise mussten Sie aber oft hören, wie Ihre Eltern stritten, nörgelten und mit ihrem Leben unzufrieden waren.

Welche Botschaften bekamen Sie in Ihrer Familie vermittelt? Wie hat Sie das Verhalten der Erwachsenen in Ihrer Umgebung beeinflusst? Im ungünstigen Fall kann es schwierig werden, ein gesundes Selbstbewusstsein und Selbstvertrauen zu entwickeln. Sie haben jedoch alle Chancen, das als Erwachsener zu reparieren.

Wir gestehen uns nur ungern ein, wie leicht wir in negative Gedanken verfallen! Aber wenn wir es schließlich erkannt haben, können wir unser Verhalten ändern, und es fällt uns immer leichter, positiv zu denken. Das Ergebnis wird alle Ihre Erwartungen übertreffen.

Machen Sie sich oft Sorgen? Haben Sie selbstzerstörerische Gedanken? Analysieren Sie alles? Zweifeln Sie an Ihren eigenen Fähigkeiten? Sind Sie mit Ihrem Aussehen unzufrieden?

95 Prozent unserer negativen Gedanken sind nicht wahr! Es sind Fantasiegebilde. Die positiven, beruhigenden und stärkenden Gedanken sind dagegen durchaus wahr!

Unser Gehirn macht keinen Unterschied zwischen Fantasiegedanken und wahren Gedanken. Es reagiert immer so, als wäre der Fantasiegedanke real. Das wird zu einem großen Problem, wenn die Gedanken überwiegend destruktiv sind. Dagegen wirken positive, gesunde Gedanken, auf die richtige Weise eingesetzt, sehr effektiv.

Negative Gedanken – eine Sucht

Negative Gedanken machen süchtig. Wenn wir auf den Geschmack ihrer (kurzfristigen) Vorteile gekommen sind, entwickeln wir eine Abhängigkeit. Es gibt Gründe, negativ zu sein, sonst würden wir mit dieser Art zu denken gar nicht weitermachen! Negatives Denken und Konzentration auf das Negative in uns führt dazu, dass wir auch in unserem Umfeld durch unser Handeln und Sprechen Negatives zum Ausdruck bringen. Manchmal bekommen wir dadurch die Aufmerksamkeit unserer Mitmenschen, weil sie uns zuhören und Mitleid zeigen. Wir nutzen ihr Wohlwollen aus und auch, dass sie uns bei unseren Problemen helfen und unterstützen wollen.

Wir wissen, dass wir den Menschen um uns herum leidtun und dass sie uns Aufmerksamkeit schenken und uns helfen wollen, wenn wir negative Gedanken aussprechen. Dadurch können wir auch sehr oft Dingen, die wir nicht tun wollen oder auf die wir keine Lust haben, aus dem Weg gehen. Da unsere Umgebung (die Familie, Freunde und andere) uns wohlgesinnt ist, hilft sie uns oder senkt ihre Ansprüche. Durch unser »Gejammer« haben wir es also geschafft, uns vor unangenehmen Dingen, die wir uns nicht trauen oder die uns zu viel sind, zu drücken.

Welchen Gewinn ziehen Sie aus negativen Gedanken? Die Frage mag merkwürdig klingen, sie ist aber leider notwendig. Negatives Denken ist wie eine Sucht. Wenn Ihr Leben von Stress und Sorgen bestimmt wird, müssen Sie sich Schritt für Schritt mit Ihrem negativen Denken auseinandersetzen. Erst dann können Sie etwas dagegen unternehmen! Diese ungesunde Angewohnheit abzulegen bedeutet harte Arbeit, denn der Mensch ist ein Gewohnheitstier!

Sich die ganze Zeit mit negativen Botschaften zu füttern ist wie sich selbst zu misshandeln.

> Das Gras ist nicht grüner auf der anderen Seite, es ist dort grüner, wo es bewässert wird.
>
> UNBEKANNT

Wie erkennen Sie einen negativen Gedanken? Finden Sie die Frage dumm? Sie meinen vielleicht, dass Sie gar nicht so viele störende negative Gedanken haben? So können Sie sie erkennen:

Von negativen Gedanken werden Sie schwach, Sie fühlen sich schlecht und unruhig. Sie sind gestresst, niedergeschlagen, wütend, verbittert, ängstlich. Sie werden leicht krank, sind voller Schuldgefühle und Scham. Und Sie fühlen sich einsam, unattraktiv, unsicher und ungeliebt.

Wenn Sie etwas davon oft empfinden, vielleicht sogar ständig, dann hat Ihre Stimmung sehr viel mit negativen Gedanken zu tun. Damit stehen Sie nicht allein da, die allermeisten Menschen haben jeden Tag Hunderte negativer Gedanken.

Wie erkennen Sie im Gegenzug positive, gesunde Gedanken? Positive Gedanken machen Sie stark. Sie führen dazu, dass Sie sich gut fühlen – geborgen, glücklich, liebevoll, attraktiv, entspannt, harmonisch, mutig, energisch, motiviert, sicher, geliebt und akzeptiert.

Als Menschen mit mangelndem Selbstbewusstsein und Selbstvertrauen haben wir aber die Tendenz, überall und ständig Bestätigung durch andere zu suchen, nicht durch uns selbst. Wir wollen, dass die anderen uns sagen, dass wir gut genug sind, dass wir gut aussehen und dass wir etwas Besonderes sind.

Negative Menschen bekommen gern Zustimmung für ihre Sichtweise und verbreiten ihre Negativität, um Bestätigung dafür zu erhalten. Wenn es in Ihrem Umfeld Menschen gibt, die an Ihren eigenen Ressourcen zehren, dann sollten Sie sich Menschen suchen, die sich anders verhalten.

Denken Sie daran, dass das Elend die Gesellschaft nicht nur liebt, es braucht sie!

Hier nun einige Beispiele, was Sie tun können, um Ihr Verhalten zu ändern:

- Seien Sie ehrlich zu sich selbst. Sehen Sie ein, dass Ihre negativen Gedanken Ihnen schaden.
- Versuchen Sie zu begreifen, dass Ihre negativen Gedanken eine schlechte Angewohnheit sind, die Sie ändern müssen.
- Beschließen Sie, während Ihrer gesamten wachen Zeit alle Energie darauf zu verwenden, Ihre tief sitzenden, ungesunden Denkmuster zu verändern.
- Seien Sie sich wirklich dessen bewusst, wie Sie denken.
- Sie können selbst etwas dazu tun, sich besser zu fühlen: durch positive Zusprache an sich selbst, anstatt Bestätigung durch andere zu suchen.

Haben Sie Geduld mit sich selbst. Es hat sicherlich mehrere Jahre gedauert, sich das jetzige, negative Benehmen anzugewöhnen. Schlechte Gewohnheiten abzulegen ist praktisch dasselbe, wie etwas Neues zu lernen. Daher brauchen Sie Zeit für sich, um Ihre Denkweise zu verändern. Das braucht Übung und Ausdauer. Sie müssen zunächst verstehen, worum es tatsächlich geht, und dann üben, üben und noch mal üben, bis es für Sie nach und nach immer natürlicher wird, gesund zu denken.

Seien Sie sich bewusst, wie Sie denken! Es ist nie zu spät, sich zu dem Menschen zu entwickeln, der man eigentlich sein möchte. Hinterfragen Sie, welche Gedanken Sie an einem gewöhnlichen Tag haben. Schreiben Sie sich zum Beispiel »Gedanken?« auf Ihre Hand, um sich selbst daran zu erinnern und sich dessen bewusst zu bleiben.

Erst wenn man sich dessen bewusst ist, welche Gedankenmuster im Gehirn ablaufen, kann man sie verändern.

Wir erinnern Julia ständig daran, dass sie gut ist, so wie sie ist. Dass sie ein tolles Mädchen ist und dass wir stolz auf sie sind. Es ist wichtig, dass sie das oft hört, auch wenn es nicht an eine Leistung gebunden ist, denn es stärkt ihr Selbstvertrauen.

Loben Sie Ihr Kind oft für seine guten Charakterzüge und nicht nur für gute Leistungen.

Stellen Sie sich einmal vor, wir hätten alle in unserer Kindheit immer wieder positive Botschaften gehört! Das hätte uns viele besorgte, ängstliche Gedanken erspart und uns ein deutlich besseres Selbstbewusstsein verschafft.

MATS HIELT SICH FÜR EINEN SEHR POSITIVEN MENSCHEN

Ich weigerte mich, zu akzeptieren, dass ich negativ eingestellt war. Je tiefer ich jedoch in mich ging, desto klarer sah ich, wie falsch ich gelegen hatte. Ich entdeckte, dass meine negativen Gedanken mich krank machten. Wir glauben gern, dass wir der Mensch sind, der wir gerne sein möchten! Wenn ich mein negatives Denken beibehalten hätte, wäre es mir niemals möglich gewesen, anderen, die unter Stress- und Angstproblemen leiden, helfen zu können. Ich beschloss, nach dreißig Jahren mit dieser Denkweise Schluss zu machen! Dabei habe ich gelernt, dass man sich als Erwachsener verändern kann, und ich bin ein lebendes Beispiel dafür. Ich bin ein gewöhnlicher Mensch, der durch den Stress völlig kaputt und angsterfüllt war und der Probleme hatte, von denen ich dachte, dass niemand sonst sie hätte, und ich schämte mich deswegen. Ich habe gelernt, dass Veränderung der einzige Weg zur Genesung ist, und diese Veränderung konnte nur aus mir selbst kommen.

Gesunde, positive und lobende innere Selbstgespräche sind die Voraussetzung, um sich besser zu fühlen. Sie stärken Ihr Selbstbewusstsein und Selbstvertrauen, Sie werden motivierter sein, und es beruhigt Sie in Stresssituationen.

Wir haben oft die Tendenz, das Negative größer und das Positive kleiner darzustellen. Konzentrieren Sie sich auf das Positive in Ihrem Umfeld. Betonen und bejahen Sie die fröhlichen, hoffnungsvollen, guten und glücklichen Momente anstelle der negativen.

> Das Glück deines Lebens hängt von der Beschaffenheit deiner Gedanken ab.
>
> MARC AUREL

Eine Übung, um festzustellen, wie viele negative Gedanken Sie haben

Tragen Sie immer einen kleinen Notizblock bei sich oder schreiben Sie in Ihr Handy. Wenn Sie einen negativen Gedanken haben, notieren Sie ihn, gleichzeitig schreiben Sie zum Ausgleich einen positiven Gedanken auf.

Achten Sie darauf, die negativen Gedanken durch positive, realistische Gedanken zu ersetzen, an die Sie selbst glauben, sonst machen Sie sich etwas vor.

Fangen Sie damit an, mindestens einen Ihrer negativen Gedanken pro Tag aufzuschreiben, dann einen pro Stunde und danach einen pro halbe Stunde oder öfter zu notieren.

Natürlich immer nur dann, wenn Sie auch wirklich einen haben.

Positive Gedanken zu bevorzugen, positiv mit sich selbst zu sprechen und positiv mit und über andere zu reden verleiht Ihrem Leben mehr Sinn!

Eine andere interessante Beobachtung können Sie machen, wenn Sie die negativen Gespräche Ihrer Kollegen, Kinder, Partner und Freunde aufschreiben. Sie werden geschockt sein über die vielen negativen Gespräche, denen Sie jeden Tag ausgesetzt sind! Das ist eine sehr wirksame Methode.

EINIGE ERFAHRUNGEN VON SUSAN

Ich habe mit Jugendlichen im Alter von 15 bis 19 Jahren gearbeitet. Es tat weh, das geringe Selbstbewusstsein und Selbstvertrauen von vielen zu sehen. Sie mochten sich selbst nicht. Manchmal, wenn sie sich trauten, blitzten all ihre schönen, intelligenten, klugen, pfiffigen, lustigen und ganz wunderbaren Seiten auf. Ich merkte, es passierte immer dann, wenn sie wirklich ganz im Hier und Jetzt waren und sich nicht um ihre Umgebung kümmerten. Sie hatten solche Angst, sie selbst zu sein, sich zu blamieren und nicht gut genug zu sein! Das ist völlig absurd! Es gibt zu wenige Erwachsene, die sie anleiten, wie sie mit äußerem Druck umgehen können, wie sie stark genug werden können, um den Mut zu haben, sie selbst zu sein und auf eine unverfälschte und aufrichtige Art aufzu-

fallen. Wir Erwachsenen müssen uns trauen, uns auch dann zu zeigen, wenn wir uns blamieren oder traurig sind, und es wagen, dazu zu stehen.
Ein Kind kommt mit vollkommener Toleranz für Unterschiede auf die Welt, aber irgendwann während des Heranwachsens geht sie verloren! Viele Jugendliche sind nicht sehr tolerant, was die Persönlichkeit anderer angeht. Was ist in der Zwischenzeit passiert? Wo haben sie diese Intoleranz gelernt? Von uns Erwachsenen? Als ich jünger war, habe ich auch auf unterschiedliche Weise außerhalb von mir nach Bestätigung gesucht. Was andere von mir hielten, war mir sehr wichtig. Ich hatte kein sonderlich großes Selbstvertrauen und traute mich nicht, etwas Neues zu wagen. Ich suchte überall nach Bestätigung dafür, dass ich etwas tauge. Oft suchte und fand ich sie bei meinem jeweiligen Freund. Ich tat meist, was er wollte, war viel mit ihm und nicht mehr mit meinen Freundinnen zusammen. Später waren es dann meine Arbeitgeber, bei denen ich nach Bestätigung suchte. Zugrunde lag immer die Forderung nach Leistung, egal, ob es darum ging, gut genug für meinen Freund oder für meinen Arbeitgeber zu sein. Dass ich wertvoll bin, einfach weil ich war, wie ich war, hat mir nie jemand erzählt.

EINIGE ERFAHRUNGEN VON MATS

Als ich in meiner Jugend am stärksten unter Sorgen und Angst litt, hing mein Wohlbefinden ganz davon ab, von anderen zu hören, dass ich gut genug war. Ich hatte ein unglaublich starkes Bedürfnis, Bestätigung zu bekommen, gut auszusehen, die richtigen Dinge zu sagen und als Bruder, Sohn und Freund zu taugen.
Jetzt sind Susan und ich viel besser darin geworden, uns selbst, einander und andere zu loben. Das dürfen wir nicht vergessen. Aber auch dass wir uns selbst durch positive, aufmunternde Zusprache stärken können, ist unglaublich wertvoll und definitiv nicht unanständig oder egoman! Es hilft uns, als Menschen zu wachsen. Es stärkt unser Selbstbewusstsein und unser Selbstvertrauen. Es geht uns besser, und wir trauen uns, das zu tun, was wir tun wollen, und es außerdem ohne Schuldgefühle zu genießen!

Es ist unglaublich befreiend, sich nicht darum zu scheren, was andere über dich denken oder sagen. Hören Sie also auf, sich zu verstellen, um gemocht und gelobt zu werden. Gönnen Sie es sich.

Lassen Sie Stress und Sorgen hinter sich. Das geht. Sie sind einzigartig, besonders und voller Potenzial!

Wenn Sie gelernt haben, Ihre Art zu denken zu ändern, werden sich viele neue, spannende Türen in Ihrem Leben öffnen. Alles ist möglich, das Wort »scheitern« gibt es nicht.

> I don't have everything, but I love everything I have.
>
> UNBEKANNT

Sie haben sicher schon bemerkt, wie leicht es ist, sich herunterziehen zu lassen, wenn Sie jemanden treffen, der traurig, wütend oder sauer ist oder sich schlecht fühlt. Genauso leicht können wir aber auch von jemandem angesteckt werden, der glücklich, fröhlich und harmonisch ist oder sich gut fühlt. Ihr neues, positives Verhalten wird nicht nur Sie selbst erfreuen, sondern viele in Ihrer Umgebung.

> Wenn du immer denkst, wie du immer gedacht hast,
> wirst du immer tun, was du immer getan hast.
>
> Wenn du immer tust, was du immer getan hast, wirst
> du immer bekommen, was du immer bekommen hast.
>
> UNBEKANNT

Wenn wir wollen, dass sich etwas ändert, müssen wir anders denken!

Dieses Kapitel ist so wichtig!

Lesen Sie es gern mehrmals.

MAN WIRD, WAS MAN DENKT

UNSERE FREUNDIN LINDA LEANDER ERZÄHLT

Am Montag, den 9. September 2013 um 8.40 Uhr, brach unser ganzes Leben zusammen. Wie eine Bombe, wie eine Ohrfeige, wie ein unerwarteter Blitzschlag bekamen mein Mann und ich die Diagnose: Du hast Brustkrebs, Linda. Es ist wahrscheinlich ein großer Tumor. Wir entfernen am nächsten Donnerstag deine rechte Brust! Ich erinnere mich, dass ich wortwörtlich auf dem Fußboden zusammensackte. Ich hatte keine Ahnung gehabt. Keinen Verdacht. Nichts. Im Gegenteil: Ich war fröhlicher, stärker und gesünder als jemals zuvor. Dachte ich. Ich glaubte in jenem Moment, jetzt sterbe ich. Jetzt ist es vorbei. Das schaffe ich nie. Ich will nicht sterben. Meine Kinder brauchen ihre Mutter. Da die Operation so schnell nach der Diagnose angesetzt war, konnten mein Mann und ich es nicht erst einmal in uns einsinken lassen, um es dann »im richtigen Moment« den Kindern, die vier, zehn und zwölf Jahre alt waren, zu erzählen. Wir waren gezwungen, es ihnen noch am selben Abend zu sagen. Und das taten wir. Als ich die Worte vor den Kindern aussprach, also dass ich Brustkrebs habe und operiert werde, DA wurde mir klar, dass ich zwei Möglichkeiten hatte: Entweder ich breche komplett zusammen, lege mich hin, ziehe mir die Decke über den Kopf und »schaffe« es einfach nicht mehr. Oder ich lege mir eine mentale Ritterrüstung an, lasse den Schmied mein Schwert schärfen, besteige mein Schlachtross und stürze mich in die Schlacht – um zu gewinnen! – wie Jonathan Löwenherz. Ich habe letztere Möglichkeit gewählt. Anders hätte ich es nicht überstanden. Denn es ist so entsetzlich. Ich habe eine aktive Wahl getroffen. Ich habe mich entschieden, zu gewinnen. Die Einsicht, die ich in diesem Moment bekam, rettete mich. Ich meine nicht, dass ich nicht zusammengebrochen bin, geweint und geschrien und Porzellan zerdeppert habe, dass ich nicht vor Panik Atemnot bekam und nicht immer noch Todesangst verspüre. Es geht darum, innere Strategien zu entwickeln, die man einsetzt, wenn die schlimmsten Gedanken kommen. Die Grundeinstellung ist klar: Ich gewinne. Die Freude und das Leben gewinnen. Die Zellgifte und die Bestrahlung waren furchtbar. Aber sie gehörten zum Kampf. Sie waren etwas, das ich durchmachen musste, um zu gewinnen. Ich habe das Schwert regelmäßig geschliffen, damit es die ganze Zeit über scharf war.

Krebs ist ein Drachen, ein Monster! Und das muss erschlagen werden!

> Das, was wir heute sind, folgt aus den Gedanken, die wir gestern pflegten, und unser gegenwärtiges Denken baut unser Leben, wie es morgen ist. – Die Schöpfung unseres Bewusstseins, das ist unser Leben.
>
> BUDDHA

Menschen, die überall Probleme sehen, erschaffen oft Probleme um sich herum. Menschen, die stattdessen in Problemen Chancen sehen, erschaffen Chancen! Das klingt zwar ziemlich klischeehaft, stimmt aber sehr oft.

Überlegen Sie, wie sich die Menschen in Ihrem Umfeld verhalten. Welche Menschen in Ihrer Umgebung sehen Probleme? Welche sehen Lösungen und Chancen? Mit welchen finden Sie es angenehmer, Zeit zu verbringen und zu arbeiten? Welche Art Mensch wollen Sie sein?

Sie erschaffen sich selbst durch Ihre Gedanken. Jeder Gedanke, den Sie über sich selbst oder jemand anderen haben, schafft entweder Frieden oder eine Art von Unbehagen.

Ein Mensch, der sich selbst trotz Fehlern akzeptiert und der sich zutraut, dass er lern- und entwicklungsbereit ist, strahlt eine Ruhe aus, die ansteckend ist und Respekt einflößt.

Ihre Gedanken beeinflussen Ihre Gefühle, wie Sie reagieren und agieren. Alles, was Sie tun und sagen, hängt davon ab, wie Sie denken. Das können Sie selbst beeinflussen, und niemand anderes sollte Macht über Ihre Gedanken haben.

Es ist nicht so einfach, das zu verinnerlichen, denn es bedeutet, dass Sie gezwungen sind, die gesamte Verantwortung dafür, wie Sie denken, reagieren und agieren, zu übernehmen.

Das Ganze ist eine Frage der Einstellung, welche Einstellung Sie zum eigenen Leben haben, zum Leben anderer Menschen und zum Miteinander!

Ein sinnvolleres Leben

Statt nach mehr zu jagen, können Sie einüben, das, was Sie bereits haben, voll und ganz schätzen zu lernen.

Ihre Familie und Freunde sind das Bedeutendste, was Sie haben!

Suchen Sie nach jemandem, den Sie mögen, und pflegen Sie Ihre Beziehungen. Kommunizieren Sie, muntern Sie auf und hören Sie zu.

Im Jetzt sein!

Sehen Sie sich um, das Wichtigste im Leben ist völlig kostenlos. Wie sehen zum Beispiel Ihre Kinder oder Ihr Partner aus, wenn sie schlafen? Wie viele Farben gibt es eigentlich in Ihrem Garten? Wenn Sie auf diese Weise aufmerksam sind, werden Sie merken, wie viel Kraft und Energie das verleiht. Lernen Sie, kleine Freuden zu genießen. Erinnern Sie sich daran, was für ein Schatz ein ganz normaler Tag sein kann!

Seien Sie großzügig!

Demut hält am längsten. Vielleicht sind Sie trotz allem privilegierter als viele andere. Sie können vielleicht ein gutes Vorbild für jemanden in Ihrem Umfeld sein.

Lernen Sie, Ihr Leben zu schätzen.

Lernen Sie, zu leben, nicht bloß zu existieren!

> Je weniger man sich um negative Menschen kümmert, umso ruhiger und schöner wird das eigene Leben werden.
>
> UNBEKANNT

Entdecken Sie neue Seiten an sich selbst

Nehmen Sie ein Blatt Papier und beantworten Sie die folgenden Fragen schriftlich:

Was würden Sie in Ihrer Freizeit am liebsten tun?

Was sind Ihre Stärken?

Was können Sie besonders gut?

Mit welchen Menschen möchten Sie sich umgeben?

Wo möchten Sie leben?

Junge Menschen haben Träume. Warum hören so viele von uns auf zu träumen, wenn wir älter werden? Wovon haben Sie geträumt?

Ist einer Ihrer Träume wahr geworden?

Wovon träumen Sie heute?

Was ist nötig, damit Sie sich Ihre Träume erfüllen können?

Sie werden vielleicht feststellen, dass Ihre Wünsche gar nicht so unerreichbar sind. Sie müssen nur wissen, was das Beste für Sie ist.

Gehen Sie es an! Für sich selbst!

ÄRGER UND WUT

Meistens sind wir nett, fröhlich und munter, wenn wir nicht zu Hause sind, zum Beispiel bei der Arbeit. Im Job können wir kleine und große ärgerliche Momente erleben, die zu Wut führen, die sich selten entlädt. Außerhalb der eigenen vier Wände machen wir meist gute Miene zum bösen Spiel und verbergen, wie wir uns tatsächlich fühlen.

Wenn wir abends zu unserer Familie nach Hause kommen, »nehmen wir die Maske ab«, entspannen uns, und es kann dann die Familie sein, die die Wut abbekommt. Der Ärger und Zorn, den wir eventuell in uns tragen, zeigt sich meist zu Hause.

Oft sind es Kleinigkeiten, die uns ärgern und die immer größer werden und Wut auslösen.

Es ist wirklich ungerecht und tragisch, dass diejenigen, die wir am meisten lieben, es aushalten müssen, der »Mülleimer« für unsere zuvor angestauten Aggressionen zu sein, während die Menschen, die wir kaum kennen, unsere positive und nette Seite zu sehen bekommen!

Sind Sie in einer Familie aufgewachsen, in der jemand seinen Zorn und seine Uneinsichtigkeit dazu benutzt hat, zu dominieren und zu kontrollieren? Wenn es so war, haben Sie wahrscheinlich gelernt, dass das eine Art ist, seinen Willen durchzusetzen. Sie werden vermutlich dieselbe Methode anwenden, ohne sich dessen bewusst zu sein, dass es sowohl Ihnen als auch Ihrem Umfeld schadet. Sie sollten das Muster durchbrechen, damit Sie Ihr Verhalten nicht auf Ihre Kinder übertragen. Sie riskieren sonst, als Vater und Mutter in Erinnerung zu bleiben, die oft wütend, sauer und verärgert nach Hause gekommen sind.

MATS ERZÄHLT

Mein guter Freund Lasse hat mir neulich etwas erzählt, was ihm passiert ist, als er 15 war und sein Papa als Verkäufer bei der Skogaholms Bäckerei gearbeitet hat. Der Vater besuchte regelmäßig die ICA-Supermärkte in der Region Kalmar, wo Lasse aufwuchs. Eines Tages ging Lasse nach der Schule zu einem Freund, dessen Mama an der Fleischtheke in einem der ICA-Märkte arbeitete, die Lasses Vater immer besuchte. Als sie Lasse traf, fragte sie ihn: »Dein Papa ist doch der Verkäufer bei Skogaholms?« – »Stimmt«, antwortete Lasse und wunderte sich, warum sie das fragte. »Dein Papa ist der witzigste und netteste aller Verkäufer, die uns besuchen!« Lasse wunderte das sehr, weil sein Vater seiner Erfahrung nach das genaue Gegenteil war. Für Lasse war der Papa ein mürrischer und schwer genervter Mann, der oft von der Arbeit nach Hause kam, schweigend zu Abend aß und sich nach zwanzig Minuten mit der Zeitung überm Gesicht aufs Sofa warf.

Das ist ein klassisches Beispiel dafür, dass die Außenwelt die netten, guten Seiten einer Person zu sehen bekommt, während die Familie die negativen Seiten des Vaters ertragen muss, weil er müde und erschöpft ist.

Menschen, die unter starkem Stress und Unruhe stehen, sind oft verärgert und werden schnell wütend. Wenn Sie eine Person sind, die Ihren Ärger und Zorn dazu benutzt, andere Menschen zu kontrollieren, erscheinen Sie als ein unsympathischer Mensch, als unsicher und unbeherrscht.

Ein Mensch mit gesundem Selbstbewusstsein braucht seine Kraft und Stärke nicht mit Aggressivität und Wut zu beweisen.

Denken Sie nach und fragen Sie sich selbst, ob Ihre Wut Ihnen etwas bringt. Ist sie es wert, Ihren Körper der Stressreaktion auszusetzen, die unter anderem erhöhten Blutdruck und Puls sowie Schwitzen hervorruft? Wut ruft denselben Adrenalinausstoß hervor wie Angst, und das Gefühl danach ist dasselbe. Erreichen Sie durch die Wut das, was Sie wollen? Was sind die Konsequenzen? Welche Angst verbergen Sie durch die Wut? Wie fühlen Sie sich hinterher? Welche Konsequenzen gibt es in der Beziehung zu denen, gegen die sich Ihre Wut richtet?

WIR HIELTEN DEN SCHÖNEN SCHEIN AUFRECHT

Vor vielen Jahren arbeiteten wir zusammen in unserem Geschäft. Selbst wenn wir extrem unter Stress standen, hielten wir den schönen Schein nach außen hin aufrecht. Kein Kunde ahnte, wie es uns ging. Wir boten guten Service, waren meistens fröhlich und nett und verbargen unseren Ärger gut. So nett wie wir uns den Kunden gegenüber verhielten, waren wir selten zueinander! Wenn wir von der Arbeit nach Hause kamen, ließen wir uns gehen. Wir bemühten uns, das Grundlegende zu Hause und in der Familie am Laufen zu halten. Wir stritten uns oft und waren schnell genervt wegen Julia. Schon wegen Kleinigkeiten konnten wir überreagieren.

Susan war sehr reizbar, und ich empfand ihre Wut als sehr unangenehm. Sie konnte wegen einer Nichtigkeit völlig ausrasten. Dann zog ich mich zurück, und sie wurde noch wütender. Wenn sich alles beruhigt hatte, hatte keiner von uns Lust oder den Mut, das, was geschehen war, zu besprechen, so dass der Konflikt nicht gelöst wurde und unser Zorn sich ansammelte.

Ich hatte das Gefühl, dass Mats konfliktscheu war, weil er nie etwas ausdiskutieren wollte. Dabei begriff ich nicht, dass man gar nicht mit mir diskutieren konnte, wenn ich wütend war. Ich hatte die Erfahrung gemacht, dass ich einen Konflikt gewann, wenn ich so wütend wurde, dass mein Gegenüber von selbst einfach aufgab!

Seine Wut kontrollieren

Es gibt Möglichkeiten, die zerstörerische Wut zu etwas Positivem und Wirksamem zu verwandeln.

Wenn wir müde und verärgert sind, reagieren wir automatisch mit Zorn, ohne viel darüber nachzudenken.

Versuchen Sie, nachzudenken, bevor Sie reagieren.

Unsere Wut an anderen auszulassen ist eine schlechte Angewohnheit, die wir durch Nachahmung erlernt haben. Wir müssen umlernen und Folgendes tun, wenn wir unsere Wut in uns aufsteigen spüren: Treten Sie einen Schritt zurück, so dass Sie eine spontane Reaktion nach altem Muster verhindern. Legen Sie ein paar Sekunden Pause ein, atmen Sie ein paar Mal tief durch und denken Sie nach. Sie haben absolut das Recht, wütend zu werden, aber tun Sie das auf eine überlegte Art und Weise!

Seien Sie bestimmt und achten Sie darauf, eine ruhige Stimme zu behalten.

Das funktioniert besser, und die Menschen werden Ihnen auf eine ganz andere Art zuhören und Sie respektieren.

Vermeiden Sie es, »Du hast das falsch gemacht!« oder »Das ist dein Fehler!« zu sagen.

Wenn Sie das tun, nimmt Ihr Gegenüber eine Verteidigungshaltung ein und wird kein Wort mehr von dem hören, was Sie sagen. Wenn Sie jemanden anklagen oder anschreien, fühlt sich derjenige angegriffen und macht sofort dicht. Er hat genug damit zu tun, darüber nachzudenken, was er zu seiner Verteidigung und als Revanche sagen soll. Wenn Sie sich gezwungen sehen, jemanden zu kritisieren, sollten Sie immer mit etwas Positivem beginnen. Wenn es um einen Kollegen geht, fangen Sie zum Beispiel so an: »Du bist ein tüchtiger Verkäufer, und ich arbeite gern mit dir. Aber …!« Sprechen Sie dann das Eigentliche an. Erzählen Sie, wie Sie den Schwachpunkt wahrnehmen, ohne die Stimme zu erheben, sagen Sie: »Ich empfinde es so …«

Benutzen Sie immer die Ich-Form, wenn Sie Ihre Empfindungen beschreiben.

Beispielsweise: »Ich bin traurig über …«, oder »Ich muss über etwas sprechen, das geschehen ist …« Wählen Sie Ihre Worte sorgsam, behalten Sie Ihre normale Stimmlage bei und hören Sie auf, bevor Sie anfangen zu nörgeln.

Sagen Sie, dass Sie es zu schätzen wissen, dass Ihr Gegenüber sich die Zeit nimmt, Ihnen zuzuhören.

Dadurch erhält das Gespräch einen positiven Abschluss. Die Person wird dann gegenüber ähnlichen Gesprächen in der Zukunft freundlicher eingestellt sein.

Wenn jemand seine Wut gegen Sie richtet

Nehmen Sie die Wut von jemand anderem persönlich? Tun Sie das nicht! Es muss nichts mit Ihnen zu tun haben! Wahrscheinlich liegt es daran, dass die Person einen oder mehrere ungeklärte Konflikte mit sich herumträgt, was Sie dann zufälligerweise abkriegen. Oder aber Ihr Gegenüber ist einfach zu müde und gestresst, um besser mit der Situation umzugehen. Es kann passieren, dass jemand etwas zu Ihnen sagt, um Sie wütend zu machen oder aus dem Gleichgewicht zu bringen, aber dann liegt es an Ihnen, wie Sie auf die Provokation reagieren – das ist Ihre Entscheidung!

Wenn Sie einen wütenden Menschen treffen – treten Sie einen Schritt zurück. Fragen Sie sich: »Warum ist er so wütend? Was steckt hinter dieser Wut?« Denken Sie dann: »Ich muss das nicht persönlich nehmen, denn es muss nichts mit mir zu tun haben.«

> Die Menschen verlieren nicht ihre Nerven, sie haben sie anderen gegenüber nicht im Griff!
>
> RUDOLF DREIKURS

Werfen Sie die Wut ab

Streben Sie danach, »alten« Groll abzuwerfen. Grübeln Sie nicht ständig. Dadurch werden Sie deprimiert und verbittert. Sie schaden sich selbst, und mit der Zeit fällt es Ihnen viel schwerer, sich zu konzentrieren und im Jetzt zu leben.

Wenn Sie nach der Arbeit zu Ihrer Familie nach Hause kommen und wütend und verärgert über etwas sind, das tagsüber geschehen ist, erzählen Sie, was passiert ist, sagen Sie, dass Ihr Ärger und Zorn nichts mit der Familie zu tun hat! Eine so einfache Sache, eine so einfache Art zu kommunizieren kann viele unnötige Momente der Verärgerung, unzählige Missverständnisse und Schuldgefühle vermeiden.

Denken Sie daran, dass Sie ein sehr wichtiges Vorbild für Ihre Kinder sind. Die Kinder machen das, was wir tun. Wollen Sie, dass Ihre Kinder ihre Wut auf positive Weise behandeln? Wenn sie merken, dass man mit Wut seinen Willen durchsetzen kann, werden sie diese Methode ebenfalls anwenden. Es ist wichtig, ein Gefühl wie Wut zu zeigen, aber Sie können entscheiden, ob Sie es auf eine konstruktive, gefasste und kontrollierte Art tun oder auf eine aggressive und unkontrollierte Art, die nur zu noch mehr Problemen und Missverständnissen führt.

Wenn Sie mit Ihrer schlechten Angewohnheit brechen, werden Sie und Ihre Umgebung sich viel besser fühlen. Außerdem werden mehr Menschen zuhören, was Sie zu sagen haben.

KOMMUNIKATION

Schlechte Kommunikation ist der Hauptgrund dafür, dass unsere Beziehungen nicht funktionieren. Wir bekommen leicht etwas in den falschen Hals, wenn die Kommunikation nicht funktioniert, und wir erzeugen Unwahrheiten, die wehtun, uns Sorgen machen und zu Missverständnissen führen.

Wenn Sie in Ihrer Kommunikation klar sind und nicht alles nicht für selbstverständlich halten, werden sich Ihre Beziehungen verbessern.

Wir glauben oft, dass wir uns eindeutiger ausdrücken, als wir es tatsächlich tun. Das kann unter anderem daran liegen, dass wir uns auf unterschiedliche Art äußern. Das, was für den einen verständlich und klar klingt, muss einem anderen noch etwas klarer verdeutlicht werden. Ein Dritter findet vielleicht, dass es überdeutlich ist, und wird deswegen ungeduldig! Das Wichtigste, wenn wir jemandem etwas kommunizieren möchten, ist, zu fragen, ob derjenige das Gesagte verstanden hat oder ob er noch Fragen hat.

Wenn Sie etwas nicht richtig verstehen – fragen Sie nach! Seien Sie nicht zufrieden, bevor Sie nicht ganz verstanden haben, worum es geht. Nachfragen zeigt, dass es Ihnen wichtig ist, richtig zu verstehen. Sie können es zum Beispiel so formulieren: »Habe ich das richtig verstanden, dass Sie finden, dass es so …«

Verbale Kommunikation kann man aufteilen in Erzählen und Zuhören. Ein offener, klarer und konkreter Kommunikator zu sein ist gleich wichtig als Erzähler und als Zuhörer. Lassen Sie alle Beteiligten zu Wort kommen.

Seien Sie ehrlich, deutlich und konkret, und sprechen Sie exakt über das, was Sie gehört, gesehen oder erlebt haben, wie es Sie beeinflusst hat und was Sie davon halten. Berichten Sie, was wichtig für Sie ist, und erzählen Sie von Ihren Gefühlen und Wünschen. Sprechen Sie auch davon, dass Sie wissen möchten, welche Gefühle und Bedürfnisse andere haben. Damit zeigen Sie, dass Sie Interesse haben und bereit sind zuzuhören.

Es ist besonders wichtig, über das, was wir unseren Kindern kommunizieren, nachzudenken, und über die Folgen. Wenn wir Erwachsenen zum Beispiel oft über unser Aussehen jammern, übertragen wir das auf unsere Kinder. Wenn wir Erwachsenen tratschen und schlecht über Nachbarn, Kollegen, Verwandte und Freunde reden, dann werden unsere Kinder das auch tun!

Überlegen Sie sich, ob Sie Ihren Kindern etwas kommunizieren, das Sie selbst gern ablegen wollen. Es kann sich dabei sowohl um verbale Kommunikation handeln als auch um ein Verhalten, das Sie kommunizieren. Was können Sie tun, um das zu verändern?

Manchmal scheint es, als wäre es wichtiger, was andere von uns denken, als was wir von uns selbst halten!

AUFHÖREN, SICH ZU GENIEREN

Ich, Susan, merke, je älter ich werde, umso weniger gebe ich etwas darauf, was andere denken. Das ist, wenn auch nicht immer, eine Frage der Reife. Ich halte nun etwas anderes im Leben für wichtig. Als ich zwischen 20 und 35 war, glaubte ich zum Beispiel, dass es wichtig sei, Bettwäsche zu bügeln, einmal pro Woche zu putzen, freitags immer einen Großeinkauf zu machen und stets zu frühstücken. Ich habe das gemacht, weil meine Mutter es so gemacht hatte, aus alter Gewohnheit. Ich meine damit nicht, dass meine Mama etwas falsch gemacht hat, es geht stattdessen darum, dass wir alle so viel aus reiner Routine machen, ohne dass wir darüber nachdenken, ob wir es überhaupt so haben möchten.

Heutzutage ist es mir nicht so wichtig, wenn es etwas staubig ist, ich bügle keine Bettwäsche, ich weiß, dass ich kein schlechtes Gewissen bekommen muss, wenn ich nicht frühstücke, und wir machen freitags keinen Großeinkauf mehr, weil ich gemerkt habe, dass ich dann so viel Unnötiges kaufe, das wir am Ende doch wegwerfen! Ich überlege oft, wie mein Leben heute aussehen würde, wenn ich dasselbe Selbstbewusstsein und Selbstvertrauen gehabt hätte, als ich 15 war, wie ich es heute habe! Hätte ich einen ganz anderen Beruf gewählt? Hätte ich in einem anderen Land gewohnt? Wie wäre es mir ergangen? Hätte ich überhaupt eine Erschöpfungsdepression bekommen?

Wenn wir verstanden haben, warum Menschen sich negativ verhalten oder negative Dinge sagen, müssen wir nichts mehr darauf geben oder es persönlich nehmen. Dann kann uns auch nichts mehr, was sie sagen oder tun, verletzen.

Es bedeutet eine unglaubliche Freiheit, wenn wir gelernt haben, die Negativität und Aggressivität anderer nicht persönlich zu nehmen. Wenn wir es zu einer neuen Gewohnheit machen, nichts mehr darauf zu geben, was andere über uns denken, vermeiden wir viele stressige Gedanken und Begebenheiten im Leben.

Nehmen Sie nichts für selbstverständlich und nehmen Sie nichts persönlich.

> Von jedem Menschen, den ich treffe, kann ich etwas lernen.
>
> DALAI-LAMA

Welche Aussage passt besser zu Ihnen? Viele Menschen sind unfreundlich und undankbar. Oder: Fast alle Menschen sind freundlich und hilfsbereit.

Das, was wir über andere denken, wird oft für uns selbst wahr.

Sich trauen, nein zu sagen

Unsicherheit kann darin begründet sein, dass man sich nicht traut, für das, was man tut, glaubt und denkt, einzustehen. Sie trauen sich vielleicht nicht, für Ihre Meinung einzustehen, obwohl Sie das Gefühl haben, dass Sie es gern tun möchten.

Vielleicht glauben Sie, dass Sie Ihre Meinung tatsächlich vertreten können, bloß weil Sie ab und zu Ihren Willen durchsetzen? Aber wie geschieht das eigentlich? Durch kontrolliertes, konstruktives Verhalten oder durch Wut?

Wut hat nichts damit zu tun, dass Sie Ihre Meinung vertreten. Ein aggressives Verhalten ist durch Feindseligkeit, Gemeinheit und Zorn gekennzeichnet. Durch das aggressive Verhalten wirken Sie auf andere Menschen unsicher. Es kann so aussehen, als seien Sie kurz davor, die Kontrolle zu verlieren, und das stößt Menschen ab.

Wenn Sie Ihre Meinung auf eine kreative und bestimmte Art präsentieren, ruhig und ehrlich, wirken Sie wie eine gelassene und beherrschte Person, die die Situation voll unter Kontrolle hat. Es geht Ihnen gut, und Sie wachsen als Mensch, wenn Sie lernen, Ihre Bedürfnisse zu beschreiben, nein zu sagen und bestimmt aufzutreten. Dann bekommen Sie den Respekt, den Sie verdienen.

Sind Sie ein Mensch, der es gern allen recht macht, um Streit und Stress aus dem Weg zu gehen? Wenn Sie nachgeben, werden die Menschen in Ihrem Umfeld Sie ausnutzen, und das verringert Ihr Selbstbewusstsein nur noch mehr.

Auf Ihr Recht zu bestehen, nein zu sagen und ruhig und gefasst zu sein, müssen Sie üben, bis es eine Gewohnheit und für Sie ganz natürlich wird.

> Niemand kann mich verletzen ohne meine Zustimmung.
>
> KAY POLLAK

Einige Gründe, warum viele Menschen nicht das bekommen, was sie sich im Leben wünschen (nach Lucinda Bassett):

- Wir wollen nicht, dass andere glauben, wir wären kleinlich und nervig.
- Wir wollen nicht, dass andere sich ärgern, weil sie uns dann vielleicht nicht mehr mögen.
- Wir trauen uns nicht, um etwas zu bitten, weil wir Angst vor einem Nein haben.
- Wir bitten nicht um Hilfe, damit wir nicht schwach wirken.
- Wir finden es schwierig, für uns selbst einzustehen, wenn wir uns verletzt und gekränkt fühlen.
- Wir möchten es anderen recht machen und drücken uns deswegen davor, um etwas zu bitten, weil das ja jemanden stören könnte.
- Wir wollen uns nicht den Unannehmlichkeiten und der Angst aussetzen, die mit einem Konflikt einhergehen.

Viele Menschen haben Angst, sie könnten egoistisch und feindselig wirken, wenn sie auf ihrer Meinung beharren, aber wenn man es richtig macht, kommt es meist nicht dazu.

Sprechen Sie mit fester Stimme, die jedoch nicht zornig klingt. Entschuldigen Sie sich nicht. Benutzen Sie kurze Sätze und bleiben Sie bei der Sache. Sagen Sie das, was Sie zu sagen haben, so kurz wie möglich und schweigen Sie dann einfach.

Bringen Sie nicht Unmengen von Entschuldigungen vor, wenn Sie keine Zeit, Lust oder sonst was haben. Damit bieten Sie dem anderen eine Gelegenheit, Sie zu überreden. Sagen Sie einfach: »Heute kann ich leider nicht.« Sprechen Sie dann über etwas anderes oder beenden Sie das Gespräch.

SUSAN BERICHTET VON EINER FREUNDIN

Meine Freundin macht sich ständig Sorgen. Meiner Meinung nach liegt das daran, dass es ihr schwerfällt, nein zu sagen und für das einzustehen, was sie tun will. Ihre Tochter hat sich während ihrer Kindheit daran gewöhnt, dass Mama bei einem Konflikt immer nachgibt, und sie hat gelernt, das auszunutzen. Das Verhalten meiner Freundin liegt darin begründet, dass sie Angst hat, ihre Tochter könnte sie nicht für eine nette und gute Mama halten. Doch eigentlich verliert die Tochter den Respekt vor ihr.

Was die Tochter braucht, ist eine Mutter, die auf ruhige, sachliche und bestimmte Weise für ihre Meinungen und für ihr Recht einstehen kann. Eine solche Mama wird zu einem guten Vorbild für die Tochter und zu einer Person, zu der man aufsieht. Ich erinnere mich, dass meine Freundin und ich einmal einen Tisch in einem der besten Restaurants der Stadt reserviert hatten. Wir hatten uns beide auf einen Abend ganz für uns gefreut, mit tollem Essen und guten Gesprächen. Es war gerade der Hauptgang serviert worden, als das Handy meiner Freundin klingelte. Es war ihre 17-jährige Tochter, die wollte, dass ihre Mama nach Hause kommt, weil sie Bauchweh hatte und sich schlecht fühlte. Meine Freundin schlang das Essen in sich hinein und raste nach Hause, um ihre Tochter zu »bedienen«. Der Abend war schnell zu Ende. Meine Freundin hatte vor dem Konflikt Angst, der entstanden wäre, hätte sie zu ihrer Tochter nein gesagt. Sie erzählte später, dass ihre Tochter nur Bauchweh hatte, weil sie wollte, dass ihre Mutter nach Hause kommt, um ihr etwas zu kochen. Das Ergebnis war, dass sich meine Freundin schlecht fühlte, weil sie sich von ihrer Tochter hatte manipulieren lassen. Sie hatte auch ein schlechtes Gewissen, weil sie mich mitten während des Abendessens hatte sitzen lassen.

Ich traue mich, das Wichtige im Leben zu wählen.

UNBEKANNT

Bestimmt aufzutreten und nein zu sagen, wenn es nötig ist, ist gut für Ihr Selbstbewusstsein und gibt Ihnen innere Ruhe.

Vertreten Sie Ihre Meinung auf eine beherrschte, nuancierte und kluge Art!

Haben Sie keine Schuldgefühle.

Geben Sie sich mehr Spielraum, tun Sie etwas für sich selbst und stehen Sie für sich ein, wenn es um etwas geht, das Sie unbedingt möchten.

Warten Sie nicht darauf, dass andere Entscheidungen für Sie treffen, sondern tun Sie es selbst – Sie schaffen das!

Wenn Sie zum Beispiel möchten, dass jemand Ihnen bei etwas hilft, dann müssen Sie lernen, darum zu bitten. Tun Sie das auf eine bestimmte, aber freundliche Art mit ruhiger Stimme, dann wird der Angesprochene sicher darauf eingehen. Die Alternative ist, die Aufgabe selbst zu tun und sich später schlecht zu fühlen, weil Sie nicht um Hilfe gebeten haben. Oder Sie machen alles selbst, bis Sie zusammenbrechen und die Menschen in Ihrem Umfeld beschimpfen, weil sie Ihnen nicht geholfen haben. Diese werden sich sofort verteidigen und zurückschimpfen, und das Ergebnis ist, dass Sie sich alle schlecht und als Verlierer fühlen. Menschen, die gut darin sind, ihr Recht und ihre Meinung zu vertreten, haben ein gutes Selbstbewusstsein und mögen sich selbst. Wir sind alle Vorbilder füreinander. Zu wem sehen Sie auf? Wer sieht zu Ihnen auf?

Menschen, die *wissen,* dass sie wichtig sind, denken an andere.

Menschen, die *glauben,* dass sie wichtig sind, denken an sich selbst.

HANS F. HANSEN

Glückliche Beziehungen – kein Zufall!

Eine gute Beziehung ist nichts, in das wir einfach hineinstolpern. Selbst wenn die Chemie zwischen Ihnen und Ihrem Partner stimmt und Sie die besten Absichten haben, so ist die stärkste Beziehung die, in der sich beide Partner jeden Tag die Zeit nehmen, sich umeinander zu kümmern. Liebe ist etwas, dem wir uns bewusst und regelmäßig widmen müssen.

Viele Paare suchen nach dem ultimativen Rezept für eine glückliche Beziehung. Dabei könnte es so einfach sein:

Schenken Sie dem anderen Ihre volle Aufmerksamkeit!

Für eine funktionierende Beziehung müssen Sie das beide ganz bewusst tun. Zeigen Sie Ihrem Partner Respekt, indem Sie sich nicht von tausend Dingen ablenken lassen, wenn Sie beide zusammen sind.

Berühren Sie einander regelmäßig liebevoll!

Menschen haben unterschiedliche Ansichten darüber, wie

wichtig das Sexleben für eine Beziehung ist. Das, was wir mit Sicherheit wissen, ist, dass Nähe und liebevolle Berührungen eine sehr große Rolle spielen. Was Sie genau tun, spielt keine Rolle, Hauptsache, Sie tun es. Wenn Sie einander körperlich nah sind, verstärken Sie Ihre spezielle Verbindung auf einer tieferen Ebene.

Seien Sie weiterhin großzügig!

Machen Sie einander den Hof, und kümmern Sie sich umeinander wie am Anfang Ihrer Beziehung.

Zeigen Sie Ihrem Partner regelmäßig Dankbarkeit!

Denken Sie daran, Ihrem Partner zu sagen, dass er oder sie wertvoll ist. Erzählen Sie ihm/ihr, dass Sie dankbar sind, dass es ihn/sie gibt. Sagen Sie oft danke zueinander.

Reden Sie miteinander – einfach nur so …

Paare, die viel um die Ohren haben, landen oft in der Falle, dass sie nur noch miteinander kommunizieren, wenn die Kinder zum Arzt müssen, wenn Rechnungen zu bezahlen sind oder wenn einer einkaufen und kochen muss. Glückliche Paare rufen sich an oder senden sich SMS, einfach nur so …

Flirten Sie mit Ihrem Partner!

Egal, wie lange Sie schon zusammen sind, machen Sie einander weiter Komplimente, achten Sie auf die neue Frisur, auf die Kleidung oder lächeln Sie manchmal Ihren Partner flirtend an.

Arbeiten Sie gemeinsam an etwas.

Ein gemeinsames Projekt stärkt Ihre Beziehung. Ein glückliches Paar weiß, wie man als Team zusammenarbeitet.

Haben Sie Spaß!

Nehmen Sie das Leben nicht zu ernst. Paare, die im Alltag miteinander lachen können, haben gute Voraussetzungen, eine starke Beziehung zu erhalten.

Seien Sie nachsichtig!

Denken Sie daran, Entschuldigung zu sagen. Herumzulaufen und zu schmollen vergiftet die Atmosphäre für alle. Eine Entschuldigung lässt uns als Menschen wachsen.

Unterstützen Sie die Hoffnungen und Träume Ihres Partners!

Interessieren Sie sich für die Träume, Hoffnungen und Pläne Ihres Partners. Das ist Liebe!

Eine neue wissenschaftliche Studie zeigt, dass alle Paare, die jahrelang zusammenbleiben, großzügig und freundlich miteinander umgehen.

> Nicht die Abwesenheit der Liebe, sondern die Abwesenheit der Freundschaft macht die unglücklichen Ehen.
>
> FRIEDRICH NIETZSCHE

AFFIRMATIONEN

Affirmationen werden bei der Persönlichkeitsentwicklung eingesetzt, unter anderem, um sich selbst bewusst zu machen, was man erreichen will und um die eigenen Ziele einfacher zu verwirklichen.

Affirmationen können wir auch anwenden, um uns mehr Mut zu machen, glücklicher zu werden, eine Gewohnheit zu verändern und vieles mehr.

Die Methode basiert auf der Vorstellung, dass wir Menschen unser Umfeld und unser Innenleben durch unsere Gedanken, Gefühle und Vorstellungen erschaffen. Dadurch werden wir zu kraftvollen Schöpfern unseres eigenen Lebens.

Immer wieder denken wir negative Affirmationen über uns selbst. Zum Beispiel: »Was habe ich nur für eine hässliche Nase« oder »Ich tauge zu gar nichts« und so weiter.

Wir alle wissen, wie schlecht wir uns fühlen, wenn wir so etwas denken, und je öfter wir das tun, umso stärker wirken diese Selbstbeschimpfungen, und wir lassen schließlich die negativen Gedanken unser Leben beherrschen.

Wenn negative Affirmationen funktionieren, dann funktionieren auch positive! Wir können also stärkende Affirmationen einsetzen, um positivere Gefühle zu bekommen und dadurch leichter unsere Wünsche und Ziele umsetzen. Wenn

Sie Ihre Affirmation formulieren, müssen Sie daran denken, dass

- sie kurz sein soll, zum Beispiel: »Ich bin ruhig«,
- sie positiv sein soll,
- sie in der Ich-Form und persönlich sein soll, zum Beispiel: »Ich, Susan, bin ruhig und konzentriert«,
- sie im Präsenz formuliert sein soll, so als wäre es schon geschehen, zum Beispiel: »Ich habe …«, »Ich bin …«, »Ich kann …«,
- sie die Worte »nicht«, »nie«, »muss«, »soll« vermeiden soll.

Wiederholen Sie Ihren Satz regelmäßig und oft. Denken Sie ihn oder sagen Sie ihn sich laut vor. Schreiben Sie ihn auf Zettel und hängen Sie diese zur Erinnerung auf.

GEMEINSAME AFFIRMATION

Seit wir uns entschlossen haben, so vielen Menschen wie möglich zu helfen, nicht in dieselbe Burn-out-Falle zu tappen wie wir, war es unser Ziel, unsere Botschaft und vor allem dieses Buch so weit wie möglich zu verbreiten. Deswegen haben wir eine Affirmation, die wir oft zusammen oder für uns selbst wiederholen. Sie lautet so: »Lerne zu leben wurde 500 000 Mal verkauft und in zehn Ländern herausgegeben.«

Bei dieser Affirmation geht es nicht darum, sich etwas vorzumachen. Es geht nur darum, dass man seine Art zu denken umprogrammiert. Es geht darum, sich selbst in die gewünschte Richtung zu lenken und positiver zu leben.

Beispiele für Affirmationen:

- Ich höre auf mein Herz!
- Ich liebe Herausforderungen und entwickle mich dadurch weiter!
- Ich fühle mich stark!
- Ich esse gesund und lecker!
- Ich bin gut, so wie ich bin!
- Ich bin gut genug!
- Mein Körper ist in Ordnung!
- Meine Bedürfnisse sind wichtig!
- Meine Finanzen werden jeden Tag besser!
- Ich habe, was nötig ist!
- Ich habe alles, was ich brauche!
- Ich habe Freude in meinem Leben!
- Ich habe alle Zeit, die ich brauche!
- Ich fühle mich ruhig!
- Ich bin mutig!

KLATSCH UND TRATSCH

Ist Ihnen bewusst, welch unglaubliche Kraft Worte besitzen? Welche Macht wir haben, sobald wir etwas zu jemandem sagen? Vor allem zu unseren Kindern. Als Eltern tragen wir eine enorme Verantwortung, wie wir unsere Worte anwenden und welche Botschaften wir unseren Kindern vermitteln. Sie machen nach, was wir sagen, und unsere Ansichten brennen sich ihnen ein. Worte, die man zu uns sagt, können unsere komplette Meinung über jemanden oder etwas verändern, zum Besseren oder zum Schlechteren. Warum machen wir so leicht mit, wenn jemand tratscht?

ANGST?

Unsere Theorie ist, wenn wir uns selbst nicht so gut fühlen, dann glauben wir, dass es uns entlastet, wenn wir hören, dass viele andere es auch nicht leicht haben. Wir finden zudem vielleicht, dass es einfacher ist, über andere zu reden anstelle über uns selbst, weil wir dann keine Verantwortung für etwas übernehmen oder uns ausliefern müssen.
Es wäre allerdings aufrichtiger und konstruktiver, wenn wir

stattdessen miteinander über unsere eigene Situation sprechen würden!

Wenn Sie hören, wie eine Person über eine andere tratscht, bleibt Ihnen das Gehörte im Hinterkopf und schränkt Sie ein, wenn Sie jene Person dann treffen. Sie werden sich unwohl in Gesellschaft jener Person fühlen, über die getratscht wurde.

Wir schaden uns selbst, wenn wir auf Tratsch hören und über andere lästern. Es fühlt sich im ganzen Körper ungut an. Wenn wir stattdessen gut über andere Menschen sprechen, empfinden wir das genaue Gegenteil. Probieren Sie aus, wie es sich anfühlt und wie unterschiedlich Ihre Gefühle hinterher sind!

MIT ANDEREN AUGEN

Ich, Susan, hatte eine Schülerin, die ein Praktikum an einem Arbeitsplatz machte, wo sie nicht mit ihrer Ausbilderin und Chefin klarkam. Jedes Mal, wenn ich meine Schülerin traf, erzählte sie von Konflikten mit dieser Frau. Ich bekam die Vorstellung von jemandem, der sein Personal ausnützte und nicht auf seine Mitarbeiter hörte, und hatte den Eindruck, dass diese Chefin ziemlich hart, kalt und stur war.
Nach einem Jahr fingen Mats und ich an, das Unternehmen

und die frühere Chefin meiner Schülerin regelmäßig zu besuchen, und wir hatten eine »enge Kundenbeziehung« zu ihr. Es zeigte sich, dass sie eine freundliche, positive Frau war, die hart arbeitete, damit ihr Lebenswerk gut lief. Immer wenn wir kamen, war sie fröhlich und serviceorientiert. Das Problem war, dass ich sie am Anfang meiner Beziehung zu ihr »unfreiwillig« durch die Augen meiner Schülerin betrachtete.

Wir verpassen definitiv eine Menge netter Beziehungen, nur weil irgendwer negativen Tratsch in unser Hirn gepflanzt hat. Kinder hören, wie Erwachsene Meinungen, Unwahrheiten und Vorurteile über andere Menschen verbreiten. Manchmal sogar über Menschen, die sie noch nie getroffen haben. Wenn das geschieht, lernen die Kinder, dass das eine natürliche Art der Kommunikation ist.

Stellen Sie sich ein zehnjähriges Mädchen vor, das von einer Schulkameradin zu hören bekommt, sie sei hässlich. Die Schulkameradin sagt das wahrscheinlich, weil sie neidisch, frustriert oder enttäuscht wegen irgendetwas ist. Das setzt sich im Kopf der Zehnjährigen fest, und vielleicht glaubt sie von diesem Augenblick an, dass diese Aussage wahr ist. Solche Ereignisse können auf lange Sicht sehr weitreichende Auswirkungen haben und zu Magersucht, Bulimie, Ängsten, Zwangsgedanken und selbstverletzendem Verhalten führen.

Wir müssen unseren Kindern beibringen, dass das, was andere Menschen zu ihnen sagen, nicht immer etwas mit ihnen selbst zu tun hat!

MATS ERZÄHLT

Oprah Winfrey hatte in einer ihrer Sendungen eine hübsche, 35-jährige Frau zu Gast. Sie erzählte die folgende Geschichte aus ihrer Schulzeit: Sie stand an ihrem Spind in der Schule, und plötzlich hörte sie zwei Jungs, die auf der anderen Seite des Spinds über sie redeten. Sie sagten: »Wenn man mit Jane schlafen will, muss man ihr erst eine Tüte über den Kopf ziehen!« Und dann lachten sie. Dieser eine Satz veränderte Janes Leben. Von diesem Tag an glaubte sie fest daran, ekelhaft und hässlich zu sein. Während ihres gesamten Erwachsenenlebens hatte sie keine Beziehung geführt, sie hatte ganz einsam gelebt, im Glauben, dass sie zu hässlich und widerwärtig für alle sei. Ein einziger Satz hat bei ihr wie eine Gehirnwäsche gewirkt, und weil sie ihn im Geiste über all die Jahre ständig wiederholt hat, war er für sie zur Wahrheit geworden.

Es ist wichtig, was wir zueinander und übereinander sagen!

Übung

Entschließen Sie sich, einen Tag lang nichts Negatives über jemanden zu sagen. Achten Sie an diesem Tag auch darauf, was andere in Ihrem Umfeld über ihre Mitmenschen äußern. Sie werden überrascht sein, wie viel geklatscht und getratscht wird.

Seien Sie sich Ihrer Worte bewusst! Setzen Sie sie richtig ein, damit sie Ihnen und Ihrem Umfeld nicht schaden. Wenn Sie unbedingt tratschen und Gerüchte verbreiten müssen – verbreiten Sie positive Gerüchte.

Denken Sie daran, jedes Mal, wenn jemand bei Ihnen lästert, setzt sich eine Unwahrheit in Ihnen fest. Es ist nicht leicht, dem aus dem Weg zu gehen, aber Sie können sich wappnen, indem Sie sagen: Ich will keine Lästereien hören! Oder Sie können der betreffenden Klatschgeschichte widersprechen oder sie in Frage stellen. Sie können zum Beispiel erwidern: »Woher weißt du das?«, oder: »Stimmt das auch?«

ZEITPLÄNE UND ORGANISATION

Lassen Sie sich von der Zeit kontrollieren oder kontrollieren Sie Ihre eigene Zeit?

Wir erschaffen ständig neue technische Hilfsmittel, um »Zeit zu sparen«. Das Tragikomische daran ist, je mehr zeitsparende, technische Hilfsmittel wir benutzen, umso weniger Zeit scheinen wir zu haben und umso gestresster scheinen wir uns zu fühlen. Natürlich können Handy und Computer in gewissen Bereichen Zeit sparen, aber es stresst uns auch, die ganze Zeit online oder erreichbar zu sein.

Wenn Sie nicht planen, werden Sie immer das gerade Drängendste vorziehen, und eine solche Situation ist sehr stressig. Pläne sind dazu da, dass wir sicher wissen, wir haben Zeit für das, was wir tun müssen. Wir müssen uns also nicht schon vorher wegen allem, was noch zu erledigen ist, verrückt machen.

> Nichts ist unmöglich.
> Das Unmögliche dauert nur etwas länger!
>
> UNBEKANNT

SUSANS TÜCHTIGKEIT

Eines Tages, als ich gerade die Küche ausgiebig putzte, musste ich einen Lappen aus der Waschküche holen. Als ich dort ankam, sah ich, dass Wäsche in der Waschmaschine lag, die aufgehängt werden musste, aber dafür musste ich zuerst die bereits hängende Wäsche abnehmen und in die Schränke einräumen. Im Schlafzimmer fiel mir dann auf, dass die Blumen dringend gegossen werden mussten. Ich ging ins Badezimmer, um Wasser zu holen, vergaß aber, warum ich dorthin gegangen war. Ich ging zurück in die Küche, und da erinnerte mich, dass ich eigentlich einen Lappen aus der Waschküche holen wollte. Ich dachte oft, ich schaffte so viel, aber tatsächlich dauerte es recht lange, manche Dinge zu erledigen, und ich war nie bewusst bei der Sache. Ich erledigte viele kleine Dinge, aber nur wenige große und hatte nie das Gefühl, fertig zu sein. Ich finde, dass der Ausdruck »viele Bälle gleichzeitig in der Luft halten« unglaublich unmodern ist. Es fühlt sich an, als hätte das ein unvernünftiger Arbeitgeber in den Achtzigerjahren erfunden. Viele Bälle gleichzeitig in der Luft zu halten ist sehr selten effektiv. Jetzt heißt es, wir sollen eins nach dem anderen machen. Für mich fühlt sich das sowohl menschlicher als auch effektiver an, wenn wir uns auf eine Sache auf einmal ganz und gar konzentrieren. Wenn wir sie beenden und dann im Geiste ad acta legen können. Ich glaube, das spart viel Zeit!

»Ich habe keine Zeit für Entspannung«

Mehr Zeit erhalten Sie, wenn Sie Ihren Fernsehkonsum sowie Ihre Handy- und Computernutzung einschränken. Überlegen Sie einmal, wie viele Stunden Sie in der Woche vor dem Fernseher oder dem Computer verbringen. Wie viele dieser Stunden könnten Sie anders verbringen? Laut *Spiegel* verbrachte der durchschnittliche Deutsche 2012 jeden Tag circa zehn Stunden mit Medienkonsum, also Fernsehen, Radio, Internet, Zeitungen. Diese Zahl ist sicher nicht gesunken.

All die Informationen, die wir an einem Tag aufnehmen, müssen irgendwann auch verarbeitet werden. Wir müssen Zeit zur Reflexion, Ruhe und Erholung einplanen.

Wir können unsere Gehirne nicht einfach mit noch mehr Fakten, Informationen und Stellungnahmen anfüllen, ohne sie auch »zu reinigen«. Daher müssen wir regelmäßig etwas loswerden. Der Schlaf genügt nicht zur Reinigung, denn dabei haben wir keine Kontrolle über unsere Gedanken. Deswegen ist es so wichtig, auch wenn wir wach sind, zu meditieren und bewusst zu entspannen! Es ist unerlässlich, dass wir darüber nachdenken, wie wir das am besten tun, und es sogar in unseren Terminkalender eintragen. Denn es ist mindestens genauso wichtig, Entspannung und Meditation einzuplanen wie Sport.

WIR, DAS FERNSEHEN UND DIE TECHNIK

Als unsere Tochter Julia klein war, schalteten wir bisweilen den Fernseher an, wenn das Kinderprogramm anfing, und dann lief er den ganzen Abend weiter. Manchmal sagten wir ihr Bescheid, wenn das Kinderprogramm anfing, und wenn sie wollte, durfte sie selbst den Fernseher anschalten. Aber wir stellten fest, dass es ihr oft egal war, weil sie mitten in einem Spiel war. Inzwischen versuchen wir, den Fernseher immer später anzuschalten, denn wenn er einmal läuft, ist es schwerer, ihn wieder auszuschalten! Das große Problem ist heute, dass das Handy-Display ebenso leicht zugänglich ist, und wir können sogar den Fernseher laufen lassen und gleichzeitig aufs Handy oder den Computerbildschirm sehen! Es ist daher alles andere als einfach, die Zeiten der Mediennutzung in einer Familie zu begrenzen. Wichtig ist nur, dass wir darüber sprechen und ab und zu bewusst alles ausschalten und stattdessen miteinander reden oder auch mal gemeinsam ein Spiel spielen.

Alle können helfen

Manche Kinder werden zu Hause so bedient, dass man glauben könnte, sie wohnten im Hotel! Wenn die ganze Familie sich die Hausarbeit aufteilt, ist für alle weniger zu tun, und man hat mehr Zeit zusammen.

Kinder können schon von klein auf spielerisch bei der Hausarbeit helfen. Den eigenen Teller vom Tisch wegzuräumen sollte selbstverständlich sein, und schon die Jüngsten finden es interessant, mitzuhelfen, wenn wir sie von Anfang an dazu ermuntern.

Ältere Kinder können natürlich schon bei größeren Dingen helfen. Sie sind oft recht verständig, wenn wir ihnen erklären, warum sie helfen müssen und welche Konsequenzen es hat, wenn sie es nicht tun. Gleichzeitig bringen wir ihnen auf diese Weise bei, dass die Familie eine Gemeinschaft ist, in der alle zusammenarbeiten müssen.

MARTIN, 5 JAHRE

Jede Woche verbringt der kleine Martin, fünf Jahre alt, einige Stunden bei uns. Er lässt sich unglaublich leicht zur Mithilfe ermuntern, denn er sieht anscheinend alles als ein Spiel.

Er liebt es, in Töpfen zu rühren, Gemüse zu schneiden und zu waschen. Er deckt den Tisch, zieht sich alleine an, wenn er weiß, was. Wahrscheinlich weil seine Mama ihn von klein auf dazu ermuntert hat. Wir haben den Eindruck, dass Kinder in diesem Alter bereit sind, ziemlich viele Dinge zu tun, wenn man als Erwachsener auch eine spielerische und positive Energie ausstrahlt, wenn man sie darum bittet. Es soll nicht wie ein Zwang klingen oder mit Schimpfen und Streit verbunden sein, das ist die Voraussetzung dafür, dass es funktioniert.

Kinder müssen an den Alltagsarbeiten beteiligt werden, damit sie ein Gefühl der Zusammengehörigkeit bekommen und dass es auch ihr Zuhause ist. Das Selbstvertrauen wächst mit den Aufgaben. Besprechen und entscheiden Sie das mit allen in der Familie. Die Kinder lernen dabei, dass ihre Meinung wichtig ist, sie erhalten Respekt und werden daher auch Respekt zeigen.

MATS WAR EIN »VERWÖHNTES« KIND

Ich bin ein gutes Beispiel dafür, was daraus wird, wenn ein Kind nicht an Haushaltsarbeiten beteiligt wird. Als jüngstes von drei Kindern hat man sich immer um mich gekümmert. Ich hatte eine sehr fürsorgliche Mama, einen pragmatischen Papa, einen tüchtigen großen Bruder und eine hilfsbereite große Schwester. Sie alle wollten natürlich nett und hilfsbereit sein, mit den besten Absichten und Liebe als einzigem Grund. Aber für mich war es ein kleiner Schock, allein zu wohnen und mich um mich selbst kümmern zu müssen. Meine erste Freundin, mit der ich zusammenwohnte, musste einiges verkraften. Sie zog mit einem 26-Jährigen zusammen, der nicht wusste, wie man wäscht oder kocht.

Tipps für eine bessere Zeitplanung und Organisation

- Schreiben Sie eine Erledigungsliste.
- Machen Sie einen umfassenderen, längerfristigen Plan über einen Monat, ein halbes Jahr oder bis zu einem Jahr. Wer soll was übernehmen?
- Stellen Sie eine detaillierte To-do-Liste über eine kürzere Zeit auf, zum Beispiel über eine Woche. Wer soll welche Aufgaben übernehmen?
- »Überfrachten« Sie Ihre Tage nicht, lassen Sie Freiraum für Spontaneität und unvorhergesehene Dinge.
- Lernen Sie, nein zu sagen zum Anspruch anderer Menschen auf Ihre Zeit.
- Delegieren Sie mehr Arbeit und Aufgaben – wenn möglich.
- Planen Sie Zeit zusammen mit der Familie ein.

Reservieren Sie jeden Abend mindestens zehn Minuten für sich selbst zum Abschalten. Und achten Sie darauf, zu welcher Tageszeit Sie die meiste Energie haben. Erledigen Sie die vordringlichsten und kraftraubendsten Aufgaben immer in dieser Zeitspanne.

Selbst wenn Sie nur ein oder zwei dieser Tipps befolgen, werden Sie überrascht sein, wie viel besser Sie sich bald fühlen. Sie brauchen vielleicht einige Übung, weil Sie Ihre Sichtweise darauf, WAS Sie tun, WANN Sie es tun und WIE Sie es tun, verändern müssen. Zu Anfang bekommen Sie vielleicht ein schlechtes Gewissen deswegen, aber ignorieren Sie das ruhig. Sie verdienen es, dass es Ihnen gut geht!

MATS WAR STÄNDIG AUSGEBUCHT

Früher hatte ich einen total vollen Terminkalender. Ich habe immer alles sehr schnell erledigt: Ich ging schnell, aß schnell, fuhr schnell Auto, denn ich hatte immer so viel zu tun. Ich plante unrealistisch, die Zeit reichte nie, und ich musste jeden Tag überlegen, was am dringendsten war. Das, was ich an einem Tag nicht schaffte, musste ich auf den nächsten verschieben, wodurch der nur noch voller wurde. Bei Susan war es exakt genauso.

In diesem Zustand fiel es uns unerhört schwer, mit Menschen umzugehen, die langsam waren oder die Dinge einfach nur in

einem normalen Tempo erledigten. Wir hassten Warteschlangen, und Menschen, die langsam oder zu umständlich sprachen, nervten uns. Wir waren ständig ungeduldig, und es fiel uns ungemein schwer, abzuschalten. Ich fühlte mich manchmal gestresst, weil ich mich nicht auf ein Spiel konzentrieren konnte, wenn ich mit Julia zusammen war. Ständig wirbelten Unmengen von Gedanken durch meinen Kopf, was ich alles zu tun vergessen hatte oder noch tun musste!
Einmal, als ich auf dem Weg zu meinen Eltern war, obwohl ich eigentlich gar keine Zeit für einen Besuch bei ihnen hatte, war ich kurz davor, vor Stress im Auto zu kollabieren. Dennoch hinterfragte ich nie, warum ich derart gestresst war. Es war für mich zu einer natürlichen Art zu leben geworden.

Wenn Sie sich darin wiedererkennen, ist es Zeit, dass Sie den Ernst Ihrer Lage erkennen. Ein derart hektisches Leben ist nicht gesund, und Sie müssen sofort etwas daran ändern. Sie müssen die Stressfaktoren in Ihrem Leben identifizieren und auch Ihre Haltung gegenüber den Dingen, die Sie nicht beeinflussen können, ändern.

Schaffen Sie Freiraum für sich selbst und planen Sie diese Pausen fest ein. Verringern Sie Ihre Zeit vor dem Fernseher, Handy oder Computer jeden Abend ein bisschen. Sie müssen Kraft tanken. Schließen Sie die Tür zu einem Zimmer, nehmen Sie ein Bad, hören Sie Musik oder eine Entspannungs-CD, meditieren Sie, machen Sie Yoga, Qigong oder gehen Sie spazieren – und sei es nur eine Viertelstunde.

Erholung ist das A und O, besonders wenn Sie aus unterschiedlichen Gründen im Alltag ein hohes Tempo beibehalten müssen.

> Gestern Nacht habe ich tausend Pläne geschmiedet, aber heute Morgen habe ich sie alle sofort vergessen.
>
> UNBEKANNT

SPORT

Früher war die Arbeit körperlich viel anstrengender, wodurch wir unsere Stresshormone auf natürlichem Weg loswurden. Heute arbeiten viele im Sitzen, deswegen ist Sport und Training wichtig.

Körperliches Training hat einen starken, positiven Effekt auf diejenigen, die unter Stress und Nervosität leiden. Es ist enorm wichtig, dass Sie die Unmenge an Stresshormonen, die Sie über den Tag angesammelt haben, loswerden können. Durch körperliches Training wird Ihr Körper von Giften gereinigt. Das wirkt sich auch auf Ihr Gehirn sowie auf das Gedächtnis aus, und die Lern- und Konzentrationsfähigkeit steigt. Ihr Immunsystem wird gestärkt, und wahrscheinlich schlafen Sie auch besser. Aber alles in Maßen: Wenn Sie übertrieben viel trainieren, kann Ihr Immunsystem sogar darunter leiden.

Es ist egal, welchen Sport Sie betreiben, das Wichtigste ist, dass Sie es regelmäßig tun. Ein flotter täglicher Spaziergang von einer halben Stunde ist zum Beispiel eine gute Bewegungstherapie. Durch die Endorphine, die beim körperlichen Training freigesetzt werden, fühlen Sie sich frischer und können Ihre Gefühle und Reaktionen besser kontrollieren.

Die Stresshormone nehmen sofort ab, Sie lernen Ihren Körper besser kennen und werden sich bewusst, wie er funktioniert. Sie fühlen sich sowohl körperlich als auch psychisch im Gleichgewicht und sind mit sich selbst zufriedener.

MATS' SPORTBEDÜRFNIS

Für mein Wohlbefinden ist Sport sehr wichtig. Wenn ich regelmäßig trainiere, kann ich viel besser mit Stress und Sorgen umgehen. Ich bin zufriedener, habe mehr Energie und größere Geduld. Ich weiß, wie schwer es sein kann, den inneren Schweinehund zu überwinden, aber Sie sollten sich gegen ihn durchsetzen und die richtige Motivation finden.

Durch die Regelmäßigkeit beim Sport bekomme ich eine neue Gewohnheit, die ich schließlich nicht mehr missen möchte. Ich bin stolz auf mich, weil ich mich um mich kümmere, und das stärkt mein Selbstbewusstsein und mein Selbstvertrauen.

Tun Sie das Gesunde und achten Sie darauf, regelmäßig Zeit für Sport zu finden.

> Das beste Training ist das, zu dem man tatsächlich kommt.
>
> UNBEKANNT

SCHLAF

Laut Professor Torbjörn Åkerstedt, dem bekanntesten Schlafforscher Schwedens, ist die Bedeutung des Schlafs für die Gesundheit nicht zu unterschätzen, und wir können durch genügend Schlaf das Risiko für eine Reihe ernster Krankheiten minimieren. Darüber hinaus spielt der Schlaf eine entscheidende Rolle für unseren Gefühlshaushalt: Wir werden labiler und leiden unter stärkeren Stimmungsschwankungen, wenn wir schlecht schlafen – was wiederum dazu führen kann, dass wir auf unterschiedliche Art überreagieren. Die neuesten Forschungen zeigen, dass zu wenig oder gestörter Schlaf auch zu erhöhten Blutfettwerten, Herz-Kreislauf-Krankheiten, Diabetes, Depressionen und Erschöpfungssyndrom führen kann. Während des Schlafs repariert und erneuert sich der Körper von den Anstrengungen des Tages. Das Fehlen der Erholung erklärt die Verbindung von Schlafstörung und Stress.

Schlafstörungen entstehen oft dadurch, dass es uns schwerfällt, die Gedanken an das, was geschehen ist, und an das, was geschehen wird, abzuschalten. Frauen leiden öfter unter Schlafstörungen als Männer, weil Schlafstörungen bei Menschen, die mit anderen Menschen arbeiten, wie Lehrer oder Pflegeberufe, häufiger sind. Ein anderes Problem, durch das wir zu wenig Erholung bekommen, ist die sogenannte 24-Stunden-

Gesellschaft. Wir sollen rund um die Uhr erreichbar sein, und wenn wir möchten, können wir auch rund um die Uhr aktiv sein und uns unterhalten lassen. Die Grenzen zwischen Arbeit und Freizeit sind fließend geworden. Aktivitäten bis spät in die Nacht hinein führen dazu, dass unser Biorhythmus gestört wird. Die meisten Menschen brauchen ungefähr sieben Stunden Schlaf pro Nacht, um sich gut konzentrieren zu können und langfristige Gesundheitsrisiken zu minimieren.

SUSAN SCHALTET DIE MÜDIGKEIT AUS

Ich hatte immer schon ein großes Bedürfnis nach Zeit ganz für mich allein, und es fällt mir nicht schwer, mein Schlafbedürfnis zu unterdrücken. Als Julia noch ein Kleinkind war, stand für mich die Familie an erster Stelle, und ich achtete nur wenig auf mich und meine Gesundheit. Also nutzte ich die Nächte als Zeit für mich. Ich lernte, machte Handwerkliches, las oder erledigte Hausarbeit. Kurzfristig klappte das gut, aber auf längere Sicht führte der Schlafmangel zu undefinierbaren Schmerzen im Körper. Heute verstehe ich, dass regelmäßiger Schlaf wichtig ist. Zu wenig Schlaf bedeutet mehr Probleme als nur Müdigkeit. Jetzt fällt es mir leichter, die Signale zu erkennen, die mein Körper sendet, wenn ich zu wenig schlafe.

Wenn Sie gut schlafen, werden Depressionssymptome wie übertriebene Sorgen und Ängste weniger, und Ihr gesundes Selbstbewusstsein kann wachsen.

Wenn Sie sich allerdings zu sehr auf Ihre Schlafstörungen konzentrieren, dann kann Sie genau das am Schlafen hindern. Konzentrieren Sie sich auf die Stunden Schlaf, die Sie bekommen, anstatt auf die Stunden, in denen Sie nicht geschlafen haben. Mit einigen Regeln kann man aber gut zu besserem Schlaf finden.

Fernseher, Handy und Computer haben nichts im Schlafzimmer verloren.

Forschungen haben gezeigt, dass Fernsehen nicht entspannend ist. Das Gehirn muss das, was es sieht, verarbeiten und ruht daher nicht.

Arbeiten Sie nicht im Bett.

Das Bett ist ein Platz für Ruhe und für Liebesnächte, sonst nichts!

Achten Sie darauf, dass es im Schlafzimmer dunkel ist.

Licht und Dunkelheit steuern das Schlafhormon Melatonin. Das Licht von Computer- oder Handybildschirmen stört die Bildung von Melatonin.

Investieren Sie in ein gutes Bett.

Ein gutes Bett ist eine bessere Investition als ein teures Auto!

Koffein, Nikotin, Alkohol und Zucker können den Schlaf verschlechtern.

Wenn man sie zu kurz vor dem Schlafengehen zu sich nimmt.

Achten Sie darauf, dass es im Schlafzimmer nicht zu warm ist.

Öffnen Sie die Fenster und lüften Sie vor dem Zubettgehen oder schlafen Sie bei offenem Fenster.

Lösen Sie Ihre Probleme tagsüber.

Wenn Sie »mit Problemen ins Bett gehen«, schreiben Sie sie auf und beschließen Sie, sich am nächsten Tag darum zu kümmern.

Sport

Die Schlafqualität verbessert sich, wenn Sie sich regelmäßig sportlich betätigen. Trainieren Sie aber nicht direkt vor dem Schlafengehen, weil man sich nach einer Trainingseinheit oft besonders munter fühlt.

Wenn Sie nicht schlafen können – stehen Sie auf.

Tun Sie eine Weile etwas, das Sie müde macht, zum Beispiel ein Buch lesen. Dann kann Ihr Körper einen neuen Einschlafprozess starten, wenn Sie sich erneut hinlegen.

Essen Sie nicht kurz vor dem Einschlafen.

Mit vollem Bauch schläft man nicht gut, aber Sie sollten auch keinen Hunger haben, wenn Sie sich hinlegen.

Entscheiden Sie vorher, wann Sie sich hinlegen und wann Sie aufstehen wollen.
Versuchen Sie, sich an feste Zeiten zu halten. Vor 22 Uhr ins Bett zu gehen ist eine gute Regel.

Versuchen Sie, eine Weile zu entspannen, bevor Sie zu Bett gehen.
Wenn Sie die Möglichkeit dazu haben, machen Sie eine Entspannungsübung.

Gewöhnen Sie sich ein Zubettgeh-Ritual an.
Machen Sie jeden Abend dasselbe. Nach ein paar Wochen weiß der Körper, dass es dann Zeit ist, zu schlafen.

Schlafen Sie am besten nicht tagsüber.
Stehen Sie früher auf und legen Sie sich später hin, wenn sonst nichts hilft.

Entspannungsübung

Diese Übung können Sie machen, wenn es Ihnen schwerfällt, abends einzuschlafen oder wenn Sie mitten in der Nacht aufwachen und nicht mehr in den Schlaf finden:

Legen Sie sich auf den Rücken, wenn es möglich ist, die Arme seitlich, längs am Körper. Wenn Sie möchten, können Sie die Hände auch auf den Bauch legen. Legen Sie ein Kissen oder eine zusammengerollte Decke unter die Kniekehlen, wenn es sonst für den Rücken zu unangenehm ist. Schließen Sie die Augen.

Achten Sie darauf, wie sich Ihre Brust und Ihr Bauch im Rhythmus der Atmung heben und senken.

Atmen Sie ruhig durch die Nase ein und aus. Beginnen Sie, Ihre Atemzüge innerlich mitzuzählen, bei jedem Ausatmen von eins bis zehn. Einatmen – ausatmen eins – einatmen – ausatmen, zwei … machen Sie weiter bis zehn, zählen Sie dann von rückwärts von zehn bis eins. Und dann noch einmal von vorn.

Wenn Ihre Gedanken abschweifen und Sie mit dem Zählen durcheinanderkommen, fangen Sie einfach wieder von vorn an.

Durch diese Übung lernen Sie, Ihre Gedanken zu zerstreuen, körperlich zu entspannen und sich auf das Jetzt zu konzentrieren.

MEDIKAMENTE?

Antidepressiva können Ihnen dabei helfen, sich so weit zu stabilisieren, dass Sie es schaffen, Ihren Lebensstil und Ihr negatives Verhalten zu verändern.

Viele, die unter Stress, Sorgen und Ängsten leiden, fragen sich, ob es vernünftig ist, Medikamente zu nehmen. Wenn Sie das Gefühl haben, ohne Medikamente Ihre Krise nicht überwinden zu können, bedeutet das nicht, dass Sie schwach oder »ein hoffnungsloser Fall« sind. Es ist nichts, wofür man sich schämen müsste. Es bedeutet auch nicht, dass Sie die Medikamente für den Rest Ihres Lebens nehmen müssen.

Parallel zur Medikamenteneinnahme sollten Sie aber auch zu einem Therapeuten oder Psychologen gehen, am besten zu einem, der auf Kognitive Verhaltenstherapie spezialisiert ist. Kognitive Verhaltenstherapie ist eine psychotherapeutische Behandlungsmethode. Sie beinhaltet die Arbeit daran, Gedanken, Gefühle und Verhaltensweisen zu ersetzen, von denen man annimmt, dass sie psychologische Probleme schaffen. Dadurch kann man mit den Symptomen leben oder sie verringern sowie einer Wiederkehr vorbeugen. Die Kognitive Verhaltenstherapie ist eine strukturierte, aktive und einsichtsfördernde Psychotherapie, die mehr auf das Jetzt und die Zukunft gerichtet ist als auf die Vergangenheit.

Medizin zur Unterstützung

Antidepressiva können dazu beitragen, dass Sie nicht mehr so intensiv überreagieren und sich ruhiger und ausgeglichener fühlen. Denken Sie daran, dass es mehrere Wochen dauern kann, bis Sie einen Unterschied merken. Zu Beginn können Sie stärkere Unruhe und Angst empfinden.

Wenn Sie stattdessen verschreibungspflichtige angstlösende Beruhigungsmittel, wie zum Beispiel Adumbran, Valium und Xanax, ausprobieren wollen, müssen Sie daran denken, dass diese Medikamente abhängig machen. Man darf sie nur über kurze Zeit und in begrenzter Menge einnehmen. Beraten Sie sich mit Ihrem Arzt, Therapeuten oder Psychologen.

Nicht allen helfen Antidepressiva. Manchen geht es damit sogar schlechter. Bei einigen Menschen muss man eine Reihe unterschiedlicher Tabletten ausprobieren, bis ein Antidepressivum gefunden wird, das hilft.

UNSERE ERFAHRUNG

Ich, Mats, war zu Beginn völlig gegen jegliche Medikamente (das ist typisch für Menschen, die an Sorgen und Ängsten leiden). Außerdem hatte ich panische Furcht vor Nebenwirkungen und davor, dass ich abhängig werden könnte. Als mein

Zustand am schlimmsten war und ich kaum mehr im Alltag funktionierte, hatte ich keine Wahl mehr. Ein Antidepressivum linderte meine Sorgen und Ängste, so dass ich mich leichter auf die begonnene Therapie einlassen konnte.

Ich, Susan, habe auch eine Zeitlang zur Unterstützung ein Antidepressivum genommen. Dadurch konnte ich meine gefühlsmäßigen Überreaktionen besser kontrollieren. Ich bekam auch Hilfe von einem Kognitiven Verhaltenstherapeuten, der mir verschiedene praktische Übungen gab. Ich fand, dass es ein sehr gutes Gefühl war, meine Gedanken mit einem Profi zu besprechen und Hilfe dabei zu bekommen, herauszufinden, was ich verändern konnte und musste. Es ist aufwühlend, schwierig, und manche Einsicht tut weh, für eine Genesung ist es aber notwendig.

GENUSSMITTEL MACHEN DAS LEBEN NICHT LEICHTER

Viele Menschen benutzen unterschiedliche Genussmittel, um runterzukommen, als Trost oder um ihr Selbstbewusstsein zu stärken. Hinterher ist man oft noch schneller gestresst, fühlt sich schlechter, hat ein schlechtes Gewissen, Sorgen und Ängste. Die Abhängigkeit von Genussmitteln wird zu einer schlechten Angewohnheit, einem Missbrauch.

Wir glauben, dass wir uns beruhigen, wenn wir eine Zigarette rauchen, eine Tasse Kaffee oder ein Glas Wein trinken oder auch nur ein Stück Schokolade essen. Tatsächlich ist genau das Gegenteil der Fall! Sie glauben vielleicht, dass Sie munter werden, und ja, sicher, das werden Sie auch – eine Weile, dann kommen die Nebenwirkungen, und Sie fühlen sich noch müder und noch unruhiger und noch ungeduldiger und müssen wieder Ihrem Verlangen nachgeben! So geht es weiter. Wenn der Tag zu Ende geht, können Sie sich selbst ausrechnen, dass sich Ihr Körper durch all das »Anstupsen« durch Genussmittel nicht besonders gut fühlt. Sie haben außerdem noch ein negatives Gefühl erzeugt: Schuldgefühle.

Zucker

Wenn wir Zucker essen, erhöht das den Blutzuckerspiegel in unserem Körper, und er produziert Insulin, um den Blutzuckergehalt zu senken. Wenn die Insulinausschüttung zu hoch ist, wird unser Blutzuckerspiegel zu niedrig. Damit der Körper wieder ein normales Niveau erreicht, produziert er Adrenalin. Das Adrenalin hat die Nebenwirkung, dass wir uns nervöser, unruhiger und ängstlicher fühlen.

Seit den letzten Jahren werden noch zahlreiche andere Zuckerarten und Süßungsmittel in unseren Lebensmitteln eingesetzt. Fruktosesirup, Maltodextrin, Traubenzucker, Maisstärke, Aspartam und Stevia. Die neuen Süßmittel haben exakt dieselben negativen Effekte auf den Körper wie üblicher Zucker.

Einige der neuen Zuckerarten können sogar gefährlicher sein, da der Körper und das Gehirn sie nicht aufbrechen und als Energie verwenden können, stattdessen werden sie in der Leber zu Fett verarbeitet.

SUSANS ZUCKERVERLANGEN

Ich hatte eine Zeitlang ein sehr großes Verlangen nach Süßem. Als ich dann versucht habe, Süßes ganz zu vermeiden, war das sehr anstrengend, denn Zucker ist überall! Ich merke deutlich, wie mein Verlangen nach Zucker nach dem Abendessen stärker wird und ich gern etwas Süßes essen möchte. Besonders stark empfinde ich das Verlangen nach einer kohlenhydratreichen Mahlzeit, wie zum Beispiel Pasta, aber auch immer dann, wenn ich Fertigmahlzeiten gegessen habe. Dann ist es wichtig, keine ungesunden Zuckerprodukte zu Hause zu haben, weil es sonst superschwierig ist, zu widerstehen und sie nicht zu essen. Obwohl die Wissenschaft sagt, dass Zucker nicht abhängig macht, empfinde ich es so! Wenn ich in diesen Momenten keinen Zucker bekomme, kann ich unglaublich gereizt reagieren, aber dabei spielt auch die Gewohnheit eine große Rolle. Manchmal esse ich dann aber auch Obst, Frischkäse mit Zimt oder ein paar Stücke Banane. Wenn ich richtig brav bin, putze ich mir die Zähne, anstatt meinem Verlangen nach Süßem nachzugeben – und das hilft tatsächlich! Als Julia kleiner war, bemerkten wir eine große Verhaltensänderung bei ihr, wenn sie samstags ihre wöchentliche Süßigkeitenration gegessen hatte. Sie wurde aktiver, nörgelig, reizbar und wollte oft mehr haben. Am liebsten hätten wir ihr gar keine Süßigkeiten mehr gegeben, aber das war nicht so einfach.

Heute ist das Bewusstsein dafür bei den Eltern größer, und sie begrenzen die Zuckermenge, die sie ihren Kindern geben. Aber das ist gar nicht so leicht. Sehr viele Lebensmittel, die extra für Kinder gedacht sind, stecken voller Zucker. Joghurt, Frühstücksflocken und Säfte für Kinder enthalten oft mehr Zucker als ähnliche Produkte für Erwachsene. Für den kleinen kindlichen Körper ist folglich die Zuckerdosis sehr hoch. Außerdem ist es nicht gut, den Tag mit einer großen Zuckermenge zu beginnen. Dadurch wird das Verlangen danach im Laufe des Tages größer. Die offizielle Empfehlung lautet 150 Gramm Süßigkeiten pro Woche für ein Schulkind, außerdem sollte zum Essen vor allem Wasser getrunken werden.

Koffein

Koffein steckt in Kaffee, schwarzem und grünem Tee, Kakao und Guarana. Der Konsum von koffeinhaltigen Limonaden und Energydrinks steigt stetig, und viele Kinder und Jugendliche trinken sie. Ihre Körper kommen mit dem Koffein nicht klar, außerdem sind sie auch noch nicht an größere Mengen davon gewöhnt wie Erwachsene. Das Risiko einer Überdosis ist sehr hoch. Kinder können Nebenwirkungen erleben wie Übelkeit, Schwindel, Angst, Herzklopfen und Muskelzittern. Koffein verstärkt Stress und kann zu Symptomen wie Konzentrationsschwierigkeiten, Nervosität, Reizbarkeit und Angst führen. Koffein überstimuliert das zentrale Nervensystem.

Es wird empfohlen, während der Schwangerschaft weniger Koffein zu trinken, hohe Dosen können zu Fehlgeburten führen. Koffein mit Alkohol zu mischen kann gefährlich sein. Koffein wirkt aufputschend und Alkohol dämpfend, dadurch spürt man den Rausch nicht mehr richtig, wodurch das Risiko, übermäßig viel zu trinken, steigt.

Alkohol

Alkohol ist in unserer Gesellschaft eine akzeptierte Droge. In bestimmten Situationen wirkt es fast suspekt, wenn man als Einziger *keinen* Alkohol trinkt! Alkohol kann schnell zu einer Sucht führen. Alkoholismus ist eine komplizierte Krankheit, Betroffene brauchen in der Regel professionelle Hilfe. Viele Menschen benutzen Alkohol, um »runterzukommen« oder »abzuschalten«. Es ist nicht immer leicht, selbst die Grenzen zum übermäßigen Gebrauch zu erkennen.

Der Alkohol verstärkt und dämpft Gefühle. Langfristig verstärkt er zum Beispiel Angst und Schuldgefühle. Wenn Sie das Gefühl haben, an der Grenze zum übermäßigen Gebrauch zu sein, haben Sie keine Angst, sich professionelle Hilfe zu holen! Alkohol enthält viel Energie, wirkt appetitanregend und verstärkt die Lust auf Süßes.

Impuls und Gewohnheit

Das Verlangen, das Sie eventuell nach Zucker, Kaffee, Zigaretten oder Alkohol empfinden, können Sie loswerden. Sie wissen sicher, dass Sie diese Süßigkeit nicht essen müssen, diese

Zigarette nicht rauchen müssen und dieses extra Glas Wein nicht trinken müssen, aber Sie tun es trotzdem. Warum? Nun, weil die Signale, die unser Körper uns gibt, nämlich dass wir es lieber sein lassen sollen, zu schwach zum Umsetzen sind. Wir wollen einfach nicht auf unseren Körper hören.

Es gibt natürlich einen Grund dafür, dass wir irgendetwas übermäßig konsumieren. Das kann zum Beispiel eine Flucht vor etwas Unangenehmem sein, ein Trost, eine Leere, die gefüllt werden muss, oder eine Methode, um gelegentlich abzuschalten.

Alle Genussmittel bieten eine Art Belohnung. Wenn Ihre Belohnung zum Beispiel Entspannung durch Alkohol ist, dann suchen Sie eine andere Entspannung, die gesünder ist. Wenn Sie vom Kaffee munter werden, aber keinen mehr trinken möchten, dann gehen Sie stattdessen kurz und schnell spazieren!

Versuchen Sie immer, einen gesunden Ersatz zu finden, der dieselbe oder eine ähnliche Belohnung bereithält. Wenn wir ein Verlangen nach etwas verspüren, versuchen wir meistens, dieses Gefühl zu verdrängen. Je mehr wir versuchen, nicht daran zu denken, umso größer wird die Angst zu versagen, es nicht verdrängen zu können. Dadurch wird es noch schwieriger, mit dem Verlangen umzugehen.

Stattdessen können Sie darauf hören, welche Gefühle Sie durch das Verlangen empfinden. Welche Gedanken haben Sie? Tadeln Sie sich selbst? Versuchen Sie, sich selbst einzureden, dass es nicht so schlimm ist, wenn Sie nur noch dieses eine Mal nachgeben?

Wenn das Verlangen kommt

Überlegen Sie, was besser wird, wenn Sie dem Impuls *nicht* nachgeben. Entscheiden Sie sich, zehn Minuten zu warten, bevor Sie nachgeben. Versuchen Sie, zu erkennen, was Sie empfinden, wenn Sie sich zurückhalten. Beobachten Sie das Gefühl und beschreiben Sie es. Es ist in Ordnung, so zu empfinden. Sie werden merken, dass es nicht so schlimm ist. Nehmen Sie das Gefühl an, aber nicht den Impuls, etwas zu tun, das Sie nicht tun wollen. Wenn Sie ruhelos werden, können Sie etwas unternehmen – drehen Sie eine Runde, arbeiten Sie, rufen Sie jemanden an. Wenn Sie müde werden – ruhen oder schlafen Sie etwas. Achten Sie darauf, wie lange es dauert, bis das Verlangen verschwindet.

Je mehr Sie üben, umso besser wird Ihr Umgang mit dem Verlangen. Ihr Leben wird besser, wenn Sie es schaffen, so lange auszuhalten, bis der Impuls und das Verlangen weg sind. Dann werden Sie sich stärker fühlen.

In der Zukunft, wenn Sie merken, dass Stress, Sorgen und Ängste besser geworden oder verschwunden sind, ist es selbstverständlich, dass Sie sich einen Kaffee, Tee, Süßigkeiten und eventuell Alkohol gönnen dürfen. Aber wenn eins dieser Genussmittel zu schädlicher Sucht oder Missbrauch geführt hat, müssen Sie vielleicht auch in Zukunft darauf verzichten.

Das Wichtigste ist, dass Sie sich bewusst werden, wie Genussmittel auf Sie wirken und wo Ihre Grenzen sind.

FARBEN UND FORMEN FÜRS WOHLBEFINDEN

Wir wissen meist, welche Farben wir mögen und welche nicht. Aber kaum jemand interessiert sich dafür, wie sie auf uns wirken. In der Natur haben Farben immer eine Bedeutung. Pflanzen, die Insekten anlocken müssen, um ihren Fortbestand zu sichern, sind oft sehr farbintensiv.

Die beliebteste Farbe der Welt ist Blau. Das liegt wahrscheinlich daran, dass alle Menschen eine Beziehung dazu haben, weil der Himmel blau ist. Unser Mund ist rot, damit wir Hormone produzieren und sexuelle Lust bekommen. Die weibliche Brustwarze ist rotbraun, damit das Neugeborene seine Nahrung findet.

Bereits 2000 vor Christus wurden in Indien Farben zur Therapie verwendet. Die Ägypter haben Farben ebenfalls sehr früh zu therapeutischen Zwecken eingesetzt. Der Architekt und Psychologe Karl Ryberg schreibt in seinem Buch *Farbtherapie* Folgendes:

> In zahlreichen medizinischen Studien und Versuchsreihen wurde der Einfluss von Farben und Licht auf den menschlichen Organismus untersucht. Demnach scheinen Farben für das Gleichgewicht der Körperfunktionen höchst bedeutsam zu sein.

Farbiges Licht ist, abhängig von seiner Frequenz und Farbe, auf viele Arten physiologisch wirksam. Farben zeigen selbst dann Wirkung, wenn die Versuchsperson sie nicht mit eigenen Augen sieht. Das Licht aktiviert unter anderem die Hypophyse und die Zirbeldrüse, die mit Hormonausschüttungen reagieren. Das deutet darauf hin, dass der ganze Körper ein Lichtempfänger ist, ähnlich dem primitiven Sehvermögen der Raupen und Würmer.

Das beste Anschauungsmaterial bietet uns die Natur selbst: In den extrem nördlichen Breiten haben die Eskimofrauen während der dunkelsten Monate des Jahres keine Menstruation. Sie sind also zeitweise unfruchtbar. Im Gegensatz dazu sind die in den Tropen lebenden Frauen trotz Hunger und Entbehrungen das ganze Jahr über ausgesprochen fertil.

Jede Farbe sendet eine bestimmte Schwingung aus. Je kräftiger die Farbe, umso kräftiger die Schwingung. Durch diese Vibrationen nehmen wir Farben nicht nur mit den Augen, sondern auch mit der Haut auf! Daher können Blinde Farbe wahrnehmen. Gefühle, Gedanken, der Blutdruck, die Körpertemperatur, die Atmung und das Immunsystem werden durch Farben beeinflusst.

Farbiges Licht wirkt heilend. Blaues Licht wird zum Beispiel weltweit bei Neugeborenen mit Gelbsucht angewandt! Nutzen also auch Sie Farbe, um Ihr Wohlbefinden zu steigern.

Im Folgenden geben wir Ihnen ein paar Hinweise, wie Farben auf uns wirken und wie sie wahrgenommen werden. Wenn Sie mehr wissen möchten, empfehlen wir Karl Rybergs Buch.

Rot

Die Farbe Rot wirkt auf das Nervensystem, der Adrenalinausstoß wird gesteigert. Der Blutdruck, der Atemrhythmus und der Blutzuckerspiegel steigen. Die Geschlechtshormone werden aktiviert, und die Muskelspannung steigt. Rot ist die Farbe des Bluts und des Feuers. Wir empfinden Wärme, die zu Lebensfreude und Aktivität ermuntert. Rot wird mit Liebe, Leidenschaft, Begehren, Energie, Krieg, Gefahr, Stärke, Kraft und Entschlossenheit assoziiert, daher kann es auf manche Menschen beunruhigend und stressig wirken.

Blau

Die Farbe Blau wirkt genau gegensätzlich auf das Nervensystem wie Rot. Die Nebennieren produzieren Kortison, der Blutdruck, der Atemrhythmus und die Adrenalinproduktion sinken. Blau erhöht den Sauerstoffgehalt im Körper, verringert die hormonelle Aktivität und lindert Entzündungen. Wir empfinden Blau als beruhigend, aber auch als ein bisschen deprimierend. Es ist eine gute Farbe für ein Zimmer, in dem sich hyperaktive Kinder aufhalten. Blau wird mit dem Bewusstsein und dem Intellekt in Verbindung gebracht. Die Farbe steht für zuverlässig, verlässlich und ergeben. Dunkelblau wird mit Macht und Geld assoziiert.

Gelb

Die Farbe Gelb steht für Hellwachsein und ist mental stimulierend, weil es die Farbe der Sonne ist. Gelb bedeutet Optimismus, Licht, Freude, Glück, Intellekt und Energie. Es heißt, Menschen mit Leseschwäche hilft es, wenn sie von gelben Wänden umgeben sind und der Text auf gelbem Untergrund steht. Gelb ist eine instabile und spontane Farbe.

Grün

Die Farbe Grün scheint eine ziemlich neutrale Farbe zu sein. Sie wirkt beruhigend, entspannend und gilt allgemein als angenehme Farbe, die mit Harmonie, Jugend und Frische assoziiert wird. Grün stimuliert die Entwicklung, das Wachstum, die Fruchtbarkeit, Stabilität und Ausdauer und ist gut für die Konzentration. Grün bietet ein Gefühl der Geborgenheit.

Orange

Die Farbe Orange regt den Blutdruck an und wird sowohl mit stark negativen als auch mit stark positiven Gefühlen verbunden. Orange steht für Begeisterung, Faszination, Glück, Kreativität, Entschlossenheit, Anziehung, Erfolg, Ermunterung und Stimulierung. Es regt den Appetit und die Verdauung an. Im christlichen Glauben steht Orange für Völlerei.

Violett/Lila

Diese Farbtöne verbinden die Stabilität der kalten Farbe Blau mit der Energie der warmen Farbe Rot. Lila wird mit Weisheit, Würde, Unabhängigkeit, Kreativität, Geheimnissen, Magie, Stärke, Vornehmheit, Luxus, Königlichkeit und Ehrgeiz assoziiert. Diese Farbtöne wirken inspirierend und regen die Kreativität an.

Rosa

Diese Farbschattierungen stehen für die schwächere Version dessen, was die rote Farbe bewirkt und was man mit ihr assoziiert. Sie symbolisiert Liebe und Zartheit, aber nicht Leidenschaft! Rosa wirkt auf Mädchen stimulierend und auf Jungen beruhigend.

Braun

Brauntöne strahlen Stabilität, Zuverlässigkeit und Zugänglichkeit aus. Sie stehen für maskuline Eigenschaften. Braun ist die Farbe der Erde, unseres Ursprungs. Sie wird mit allen natürlichen und organischen Dingen verbunden. Wir können Braun als schmutzig empfinden.

Schwarz

Schwarz schluckt Energie und wird als still, schweigend und schwer empfunden. Schwarz kann mit Stärke, Autorität, Eleganz, Tod, Bosheit und Mysterien verbunden werden. Es gilt als sehr formelle und prestigeträchtige Farbe. Zu viel Schwarz kann zu Depressionen führen und Unbehagen wecken. Es kann als Kontrast Gegenstände hervorheben und in kleiner Dosierung Spannung und Dynamik schaffen.

Weiß

Weiß wird mit Licht, Güte, Frieden, Unschuld, Reinheit, Neutralität, Leichtigkeit und Sicherheit assoziiert. Es ist die Farbe, die andere Farbtöne stärker hervortreten lässt. Weiß kann in zu großer Menge kalt und steril wirken.

Grau

Grau ist die Farbe des Intellekts, des Wissens und der Weisheit. Sie wirkt vornehm, konservativ, autoritär, kontrolliert, fast unauffällig. Die Farbe steht für Kompromiss und kann mit Selbstbeherrschung und Unabhängigkeit assoziiert werden.

Farben symbolisieren unterschiedliche Dinge in unterschiedlichen Ländern und Kulturen. In Schweden haben wir zur Weihnachtszeit das Bedürfnis, unser Zuhause rot und weiß zu schmücken, denn so fühlt es sich drinnen wärmer und gemütlicher an. In unseren Badezimmern verwenden wir gern Blau, Grün und Weiß, weil wir finden, dass die Farben frisch und sauber wirken. Wir haben ein intuitives Gefühl für innere Balance, wenn wir uns nur trauen, auf unsere Gefühle zu hören. Es ist kein Zufall, dass Banken für ihre Logos oft Blau wählen und Männer für ihre Anzüge Dunkelblau. Und es ist einleuchtend, warum Feuerwehrautos rot sind. Wir werden ständig bewusst und unbewusst von Farben beeinflusst. Dunkle Farben machen kleiner und helle Farben größer. Dunkle Farben empfinden wir als schwer und helle Farben als leicht. Mit diesem Wissen können Sie verändern und gestalten, ganz nach Ihrem Geschmack.

UNSER ZUHAUSE

Wir haben ein ziemlich farbenfrohes Zuhause geschaffen. Manchen ist das vielleicht zu viel. Im Erdgeschoss haben wir uns an die gelb/orange/rote Farbskala gehalten, da sich dort Wohnzimmer und Küche befinden. Im ersten Stock haben wir zwei Schlaf- und ein Arbeitszimmer. Diese Räume sind blau, rosa und lila, Farben, die gleichzeitig beruhigend und leicht stimulierend wirken. Das Treppenhaus dazwischen ist zum Neutralisieren grau gestreift.
Wir haben seit 13 Jahren dieselbe Farbgestaltung und fühlen uns damit immer noch wohl. Diejenige, die es gern ändern würde, ist wohl unsere 18-jährige Tochter Julia. Sie ist mit Farben aufgewachsen und hat, wie alle Teenager, das Bedürfnis, sich von ihren Eltern abzugrenzen. Daher hat sie ihre Wände weiß und beige gestrichen.

Viele Menschen denken wahrscheinlich gar nicht richtig darüber nach, wie sie es eigentlich gern hätten. Sie wagen nicht, das zu tun, was sie möchten, sondern tun dasselbe wie die Nachbarn, die Freundin oder lassen sich von Einrichtungszeitschriften beeinflussen. Das ist schade, denn die Magazine und Hersteller von Produkten für ein schönes Zuhause möchten, dass wir oft etwas ändern und Neues kaufen. Und vielleicht ist es auch so, dass wir, wenn wir Trends folgen, uns schneller daran sattsehen, weil wir nicht überlegt haben, wie wir es EIGENTLICH haben wollen. Möglicherweise hätten wir dann nicht so oft das Bedürfnis, etwas zu ändern. Trauen Sie sich, das zu tun, was sich für Sie richtig anfühlt!

Formen

Können Formen in unserem Haus und Formen in der Natur um uns herum eine Wirkung auf unser Befinden haben? Mit Formen meinen wir auch die Linien, die uns umgeben. Horizontale, vertikale, schiefe, gerade, parallele oder gekreuzte Linien beeinflussen uns unterschiedlich. Horizontale Linien empfinden wir als beruhigend. Die Linien – Bodenplanken, Regale, Teppiche, Gardinen, die Anordnung und Form der Möbel – lassen sich beeinflussen, so dass ein Zimmer kleiner, größer, höher, kürzer oder länger wirkt. Runde und ovale Formen empfinden wir als weicher und gemütlicher als harte Kanten. Perfekte, gerade Linien und Winkel kommen in der Natur nicht vor. Am wohltuendsten empfinden wir ursprüngliche, natürliche Linien.

In einem Artikel in der schwedischen Zeitung *Barometern* wurde der Architekt und Forscher Alan Dilani vom Institut für psychosoziale Medizin am Karolinska Institut in Solna interviewt. Er sagt unter anderem:

Durchdachte und gute Architektur und Design erschaffen ein Gefühl von Zusammenhang und Gemütlichkeit, eine Umgebung, die psychosozial unterstützend wirkt. Wenn man harmonische Zimmer einrichtet, sowohl was Übersichtlichkeit, Form, Farbe, Material als auch Licht und Luft angeht, wenn man organische Treffpunkte und Sammelstellen anlegt und darauf achtet, dass die Menschen auch die Möglichkeit haben, sich zurückzuziehen, dann fördert das die Gesundheit. Studien zeigen, dass eine ansprechende Umgebung den Blutdruck senkt, das Immunsystem stärkt, den Puls beruhigt, Stress und Depressionen mindert und weniger Schmerztabletten gebraucht werden. Gute Architektur steigert außerdem die Kreativität, fördert die Lebenslust und macht uns froh.

[...] Es gibt inzwischen Studien, die beweisen, dass wir mit kleinen, aber durchdachten Mitteln vielen Krankheiten vorbeugen können. [...] Es ist tatsächlich so, dass die medizinische Betreuung nur zu zehn Prozent für unsere Gesundheit verantwortlich ist. Der Lebensstil, das heißt, die Erholung und Aktivität zu Hause und am Arbeitsplatz sind für fünfzig Prozent verantwortlich, die eigentliche Umgebung, in der wir uns aufhalten für zwanzig Prozent und die restlichen zwanzig Prozent sind laut der Forschung von Ingmar Norling am Sahlgrenska Universitätskrankenhaus genetisch bedingt.

Ist es nicht wunderbar zu wissen, dass nur zwanzig Prozent unserer Gesundheit genetisch bedingt ist? Die restlichen achtzig Prozent können wir tatsächlich mehr oder weniger beeinflussen.

Zusammenfassung – So können wir uns besser fühlen

- Harmonie und Ausgeglichenheit in der Anordnung der Möbel, Bilder, Textilien und Lichtquellen.
- Flächen und Räume, die übersichtlich sind.
- Naturmuster/Naturmaterialien wecken angenehme Assoziationen: also Holz, Bambus, Gras, Schneckenhäuser, Steine, Glas, Metall, Naturfasern und Schafsfell.
- Starker Lichteinfall, besonders Tageslicht.
- Sanfte, indirekte Beleuchtung: lieber viele kleine Lichtquellen als wenige große; Kerzenlicht schafft Atmosphäre.
- Wasser; es beruhigt und befeuchtet die trockene Zimmerluft.
- Sitzmöbel und Betten so platzieren, dass man die Tür sieht, das Bett nicht unter ein Fenster stellen.
- Wählen Sie Farben, die IHNEN gefallen, nicht einfach nur Trendfarben.
- Kunst/Bilder/Fotos und Nippes, der uns etwas bedeutet.
- Pflanzen; sie machen ein Zimmer gemütlich und vermitteln uns das Gefühl, in der Natur zu sein. Die Luftfeuchtigkeit ist in einem Zimmer mit Topfpflanzen höher, und wir atmen besser. Die Pflanzen reinigen die Luft von vielen Chemikalien. Gute Luftreiniger sind: Gerbera, Efeu, Einblatt und Drachenbäume.

KREATIVITÄT UND GESUNDHEIT

Im Laufe der Geschichte machte man, anders als heute, keinen Unterschied zwischen künstlerischen und alltäglichen Tätigkeiten. Die samische Kultur hat sogar ein Wort dafür: Duodji. Das Wort umfasst sowohl Kunsthandwerk, samischen Lebensstil als auch die Einstellung zur Natur und zum Menschen. Die Kunst war früher integraler Bestandteil des menschlichen Lebens – beim Jagen, Essen Zubereiten, bei der Herstellung notwendiger Dinge und Kleidung, aber auch in der Kommunikation, bei Konflikten sowie bei heilenden und medizinischen Abläufen. Die Kreativität wird erst seit den letzten Jahrhunderten als eine menschliche Eigenschaft angesehen. Heute trennen wir die Kunst von anderen wesentlichen Bereichen unseres Lebens. Das ist nicht gut, weil es das Menschsein aufspaltet, anstatt es zu vereinen.

SUSANS HEILUNG

Als ich wegen Erschöpfungsdepression krankgeschrieben war, schlief ich zunächst. Ich war unglaublich müde und hatte seit mehreren Jahren überall im Körper Schmerzen. Sie kamen und gingen wie Pfeilstiche an unterschiedlichen Stellen. Ich schlief, wenn Mats und Julia am Morgen das Haus verließen, und ich schlief, wenn sie abends nach Hause kamen. Nach sechs Monaten des Schlafens waren die Schmerzen weg! Ich begann dann eine kognitive Verhaltenstherapie und fing an, mich zu Spaziergängen zu zwingen. Ich habe mich im Wald schon immer wohlgefühlt. Ich liebe die Düfte, die Geräusche, die Stille und Ruhe, und ich nehme Dinge aus der Natur oft mit nach Hause. Im Frühjahr 2002 brachte ich von einem Spaziergang Birkenreiser mit, um einen Kranz zu flechten, den ich an die Decke hängen wollte. Ich holte Zange und Draht und fing an, die Zweige zu binden. (Ich muss weinen, während ich das hier schreibe, weil es ein echter Wendepunkt war.) In dem Augenblick wurde meine Lebenslust aufs Neue geweckt! Es hat lange gedauert, bis der Groschen gefallen ist. Ich konnte nicht in Worte fassen, was da mit mir passierte. Das, was ich mit meinen Händen tat, gab mir neues Leben! Ich kann heute verstehen, wie entscheidend das für meine Genesung war.

Ich experimentierte auf eigene Faust weiter mit Draht. Das führte mich zu traditionellem Drahtkunsthandwerk. Durch eine Erzieherin in Julias Vorschule kam dann die Wolle in mein Leben. Vielen Dank, wunderbare Gunilla! Ich liebe es, Materialien unerwartet zu mischen. Jetzt arbeite ich viel mit Recyclingmaterialien. Viele unterschiedliche Materialien und Kontraste sind die Triebfeder meines Schaffens. Immer weiter etwas zu erschaffen ist für mich zu einer Art zu leben und zu überleben geworden!

Neue Forschungen und Experimente

Inzwischen gibt es viel Forschung zu kreativem, schöpferischem Tätigsein und zur Bedeutung der Kultur für unser Wohlbefinden. Es gibt die Forderung, Tanz, Chorgesang und Theater auf Rezept zu verschreiben. Der schwedische Hirnforscher und Arzt Pontus Wasling schreibt:

> Eine Untersuchung im finnischen Österbotten zeigt, wie wichtig das soziale Leben ist. Die Bevölkerung dort ist gemischt schwedisch- und finnischsprachig, und es besteht ein großer Unterschied in der Sterberate an Herzkrankheiten zwischen diesen beiden Gruppen. Und das, obwohl alle dieselbe Lebensweise haben, also genauso oft rauchen, körperlich aktiv sind, Alkohol trinken und dieselben Essgewohnheiten pflegen. Der gesundheitliche Unterschied erklärt sich stattdessen dadurch, dass der soziale Zusammenhalt in der schwedischsprachigen Gruppe stärker ist, und das reicht aus, um ein längeres, gesünderes Leben zu führen. Ein Grund dafür ist, dass die schwedischsprachigen Personen öfter im Chor singen.

Es wird auch erforscht, wie sich Kulturaktivitäten in die Arbeitszeit einbauen lassen, damit es zu weniger Krankschreibungen kommt. Man hat mit sogenannten »freien Tagen« experimentiert, unter anderem im Google-Hauptsitz in den USA. Die Angestellten durften sich einen Tag in der Woche aussuchen, an dem sie alles machen durften, was sie wollten. Als Ergebnis zeigte sich unter anderem eine gesteigerte Kreativität und Selbstkontrolle, was wiederum zu positiven Effekten auf die Leistung und Effektivität an den übrigen Arbeitstagen führte.

> Wahre Kunst wird durch einen unwiderstehlichen Drang im kreativen Künstler charakterisiert.
>
> ALBERT EINSTEIN

Heute wissen wir durch die Forschung, was im Körper geschieht, wenn wir unterschiedliche Kulturaktivitäten ausüben. Eva Boijner Horwitz hat das fantastische Buch *Kultur för hälsans skull* (Kultur für die Gesundheit) verfasst. Darin beschreibt sie unter anderem 16 Kultur- und Freizeitaktivitäten und welche Körperteile dabei jeweils aktiviert werden und welche positiven, gesundheitlichen Effekte sich dadurch erzielen lassen. Es ist fantastisch, dass wir unsere Stresshormone durch Stricken abbauen können! Dass wir unser Körpergedächtnis durch Tanzen fördern und unser Immunsystem beim Schreiben stärken können!

Was passiert im Gehirn und im Körper?

Stark vereinfacht kann man sagen, dass die Nervenzellen im Hirn durch sogenannte Synapsen miteinander verbunden sind. Die Synapsen müssen ständig stimuliert werden. In ihnen werden all unsere Gedanken und Gefühle bearbeitet und gespeichert. Wenn wir uns kulturell betätigen, wird unser Hirn plastischer, die Anzahl der Synapsen steigt also, und neue Gedächtniszellen werden stimuliert. Heute lässt sich mit speziellen Aufnahmegeräten messen, was im Gehirn bei unterschiedlichen Kulturaktivitäten geschieht. Bestimmte Aktivitäten verstärken die Vitalität der Synapsen. Wenn die Aktivität in den Synapsen steigt, bekommen wir leichter Kontakt zu unserem Gedächtnis, unseren Gedanken und unseren Gefühlen, dadurch fühlen wir uns besser.

Wenn wir unterschiedliche künstlerische und kulturelle Aktivitäten ausüben, lernen wir unseren Körper besser kennen, unsere Stresshormone nehmen ab, unser Immunsystem wird gestärkt, der Blutdruck sinkt, wir verarbeiten Gefühle und werden ruhiger.

Wir erschaffen etwas, das man ganz konkret sehen und anfassen kann, wir sind bewusster im Jetzt, wir bekommen ein Gefühl für Zusammenhang, wir entspannen uns, bekommen mehr Energie, wir werden mutiger, und es fällt uns leichter, mit Gewohnheiten zu brechen … und noch viel, viel mehr! Eva Bojner Horwitz schreibt:

> Schöpferisches Arbeiten durch Hören oder Tun schlägt einen heiligen Ton an, der uns ganz tief berührt. Indem wir dabei über unsere Grenzen hinausgehen, hinterfragen wir und werden inspiriert durch neues Wissen. Dadurch können künstlerische Aktivitäten sowohl eine spirituelle als auch heilende Wirkung haben.

> Das Zusammenwirken der Psyche und des Nervensystems mit dem Immunsystem kann einen Teil der heilenden Kräfte von Kunst erklären: Die Kraft aus mentalen Vorstellungen kann körperliche Prozesse im Körper verändern und daher heilend wirken! Wir versuchen, Gefühle, die wir nicht benennen können, mit Hilfe von Symbolen auszudrücken. Diese Symbole können jedoch nicht die ganz eigenen Symbole und Ausdrucksformen der Sprache unseres Körpers ersetzen. Kulturaktivitäten können bis zu einem bestimmten Punkt diese nonverbalen Aspekte bieten, die wir brauchen, um ein Gefühl der Ganzheit und des Wohlbefindens zu erreichen.

Um gesundheitsfördernd zu sein, muss diese Aktivität freiwillig geschehen. Sie soll Spaß machen.

Was ist eine kreative Aktivität?

Wenn wir aus Altem etwas Neues machen, die Fantasie anwenden oder ein Rollenspiel spielen, dann ist das kreativ. Die Fantasie- und Rollenspiele der Kinder sind unglaublich wichtig für die Entwicklung ihrer Kreativität. Aktivitäten, die durch Regeln geleitet, auf Wettbewerb ausgerichtet oder funktionell sind (zum Beispiel Fahrrad fahren oder gehen) oder die nur imitieren, sind weniger kreativ. Eine Belohnung ist ebenfalls kein guter Weg, um kreative Prozesse zu stimulieren.

> Als Kind ist jeder ein Künstler. Die Schwierigkeit liegt darin, als Erwachsener einer zu bleiben.
>
> PABLO PICASSO

Wie wird eine Idee geboren?

Der bereits erwähnte Pontus Wasling schreibt in seinem Buch über zwei Gedächtnistypen, die unterschiedliche Teile des Gehirns nutzen. Diese sind das Ich-weiß-dass-Gedächtnis (Konvergenz) und das Ich-weiß-wie-Gedächtnis (Divergenz). Wenn wir Ich-weiß-dass mit Ich-weiß-wie kombinieren, können wir eine neue Idee erschaffen. Aber um kreativer zu werden, braucht es mehr.

Wie können wir kreativer werden?

Wir können unsere Kreativität steigern, wenn wir unser divergierendes Denken stärken, uns also darin üben zu fragen, WIE Dinge funktionieren. Eine klassische Kreativitätsübung, die Sie sicher kennen, ist die, einer Person oder einer Gruppe die Aufgabe zu stellen, so viele Anwendungen wie möglich etwa für eine Büroklammer, eine Sicherheitsnadel, einen Stuhl, einen Ziegelstein oder sonst etwas auszuknobeln. Eine andere Methode besteht darin, das Wort »nicht« in eine Fragestellung einzubauen. Und eine dritte Herangehensweise ist es, statt der Frage, was 4+4 ergibt, zu prüfen, welche unterschiedlichen Zahlenkombinationen acht ergeben.

Hier einige Übungen für eine Gruppe oder eine Person, die das Querdenken und dadurch die Kreativität fördern:

- Machen Sie Pausen, in denen Sie schweigen.
- Stellen Sie Zusammenhänge zwischen Dingen her. Verbinden Sie Ich-weiß-dass mit Ich-weiß-wie.
- Denken Sie an die Reflexion – an eine Zusammenfassung.
- Trauen Sie sich zu scheitern.
- Bewegen Sie sich!
- Wenn Sie feststecken, machen Sie etwas völlig anderes.
- Denken Sie auch umgekehrt!
- Tun Sie etwas, das Sie bisher noch nie getan haben.

Warum ist es gut, die eigene Kreativität zu steigern und kulturelle Aktivitäten auszuüben?

Kreativität hat ja nicht bloß mit Kunst zu tun. Wir alle müssen jeden Tag kreativ sein: wenn wir Entscheidungen treffen, wenn wir alltägliche Probleme lösen, wenn wir mit anderen kommunizieren, wenn wir mit Kindern und Erwachsenen umgehen.

Wenn wir unsere Kreativität steigern, bekommen wir das Gefühl, dass die Dinge leichter zu bewältigen sind, was wiederum zu mehr Selbstsicherheit führt.

Kreative Menschen zeichnen sich oft aus durch ihre große Offenheit und ihr hohes Toleranzniveau. Sind das nicht Eigenschaften, von denen wir in Zeiten wie diesen mehr benötigen?

ORDNUNG

Wie es um uns herum aussieht, ist wichtig für unser Wohlbefinden. Wenn es unordentlich ist, stresst uns das wahrscheinlich.

In einer Familie können wir unterschiedliche Ansichten haben, was unordentlich ist. Dann müssen wir darüber reden und Kompromisse ausprobieren. Alle müssen begreifen, dass wir im gemeinsamen Umfeld zu einer Übereinkunft kommen müssen.

Pedantisch oder perfektionistisch zu sein ist etwas ganz anderes als Ordnung halten zu wollen. Pedanterie ist ein ungesundes Verhalten, das zu Zwangsgedanken und Phobien führen kann.

Man kann sagen, Ordnung bedeutet, dass die Dinge an ihrem Platz stehen. Ihr Zuhause muss nicht aussehen wie aus einer Wohnreportage, man soll sehen, dass dort Menschen wohnen.

Wenn wir gestresst sind, geht es in unserem Hirn oft chaotisch zu. Dann ist unser Bedürfnis nach Ordnung in unserem Umfeld noch größer.

WIR BEEINFLUSSEN UNSERE KINDER

Ich, Susan, hatte immer Kleidung irgendwo in der Wohnung verteilt herumliegen, was dazu führte, dass Julia es genauso machte. Ich begriff, dass ich Julia vorlebte, dass das so in Ordnung ist. Heute als Teenager wirft sie ihre Kleider immer noch überall hin, wie es viele in ihrem Alter tun. Ich dagegen muss darauf achten, bei meinen Sachen Ordnung zu halten, denn das ist doch die Norm, mit der sie aufwachsen und die sie schließlich mit ins Erwachsenenleben nehmen soll. Das, was wir tun und unseren Kindern vorleben, wird schließlich für sie zu einer Regel oder zur Normalität, selbst wenn es für uns Eltern schwierig ist, das zu glauben, wenn sie immer und immer wieder nicht das tun, was wir sagen!

Wie wirkt sich Unordnung auf uns aus? Machen Sie ein Zimmer zum Testraum, zum Beispiel das Schlafzimmer. Betrachten Sie Ihr Schlafzimmer mit ungemachtem Bett. Wie fühlt sich das an? Machen Sie dann Ihr Bett, legen Sie eine Tagesdecke darauf, putzen Sie den Nachttisch. Räumen Sie alle unnötigen Dinge weg. Stellen Sie sich dann in die Tür und achten Sie darauf, wie sich der Anblick jetzt anfühlt.

Was sehen Sie beim Aufwachen als Erstes? Ist es das, was Sie sehen möchten? Es hat Auswirkungen auf Ihren Schlaf, wie es in Ihrem Schlafzimmer aussieht. Was ist das Erste, das Sie im Flur sehen, wenn Sie nach Hause kommen? Können Sie etwas verbessern, damit es einladender aussieht – für Sie selbst?

> Denke lieber an das, was du hast, als an das, was dir fehlt.
>
> MARC AUREL

Tipps für ein aufgeräumtes Zuhause

Nicht zu viele Dinge horten.

Weg mit unnötigen Sachen, die herumliegen, selbst mit solchen, die unterm Bett oder dem Sofa liegen oder hinter der Tür stehen. Sie bringen Unruhe in den Raum, auch wenn Sie den Krempel nicht sehen, wissen Sie doch, dass er da ist.

Die Kleiderschränke ausmisten.

Wenn Sie die Kleiderschranktür öffnen, sollte das Innere übersichtlich sein. Führen Sie ein einheitliches System der Aufbewahrung ein.

Stapeln, hängen, legen oder stellen Sie Ihre Sachen nach einem bestimmten System.

Welches Linienspiel soll im Zimmer dominieren?

Alles, was Sie an die Wände hängen, wie Bilder, Regale oder anderes, sollte Kontakt zu Möbeln oder dergleichen in der Nähe haben. Sonst haben Sie das Gefühl, es schwebt frei an der Wand und »lebt sein eigenes Leben«.

Das Zuhause zu verändern soll Spaß machen.

Betrachten Sie ein Zimmer nach dem anderen, verschieben Sie die Möbel und achten Sie auf Ihr Gefühl. Misten Sie aus und lassen Sie die Veränderung eine Weile wirken.

Diskutieren Sie darüber, wie Sie es gern haben möchten, alle in Ihrem Zuhause sollen sich wohlfühlen!

Es ist immer möglich, durch Kompromisse zu guten Lösungen zu kommen.

VERÄNDERUNGEN UND GEWOHNHEITEN

> Ich bin vielleicht nicht dorthin gelangt, wohin ich wollte, aber Gott sei Dank bin ich nicht mehr da, wo ich vorher war!
>
> JOYCE MEYER

Wenn wir innerlich instabil sind, ist das Bedürfnis nach Gewohnheiten, Routinen und nach Korrektheit besonders stark. Wenn im Hirn Chaos herrscht, versuchen wir oft, das mit einem stabilen Äußeren zu kompensieren! Intuitiv suchen wir immer nach Ausgeglichenheit.

Alles, was wir können und tun, haben wir von Menschen unserer Umgebung übernommen, durch Wiederholung gelernt und dann daraus Gewohnheiten geschaffen – gute und schlechte. Die guten Gewohnheiten stärken uns, und die schlechten ziehen uns herunter.

Vertrautes vermittelt uns Sicherheit. Selbst etwas Negatives kann als beruhigend empfunden werden, weil es uns bekannt ist.

Wir bleiben leicht in unseren Gewohnheiten und Ansichten stecken und verteidigen sie mit Zähnen und Klauen. Die naheliegende Lösung, wenn wir uns nicht gut fühlen, ist Veränderung.

Veränderung bedeutet, dass wir mit alten, negativen Gewohnheiten brechen und sie durch neue, gesunde ersetzen, mit denen wir uns wohlfühlen!

Unser Gehirn verabscheut Veränderung. Es dauert ungefähr drei bis vier Wochen, eine neue Gewohnheit zu etablieren, unter der Voraussetzung, dass wir sie so oft wie nötig wiederholen. Aber es hängt auch davon ab, was wir verändern wollen. Jeder, der schon einmal versucht hat, eine Gewohnheit zu verändern, weiß, dass es lange dauern und sehr anstrengend sein kann. Man muss viel Kraft und Mut aufwenden. Vielleicht ist dazu auch die Hilfe von der Familie, einem Freund oder sogar einem Therapeuten erforderlich.

Es kann schwierig sein, sich daran zu erinnern, dass ein festes Muster gebrochen und dass etwas anders getan werden soll. Schreiben Sie sich Erinnerungen auf die Hand, hängen Sie Zettel auf und bitten Sie jemanden in Ihrer Umgebung, Sie daran zu erinnern.

> Ein Hauptgrund dafür, eine oder mehrere negative Verhaltensweisen zu haben, ist, dass man positive Rückmeldung bekommt, obwohl die Gewohnheit einem nicht guttut!
>
> MARIANNE WILLIAMSON

Selbst wenn es um Stress, Sorgen und Ängste geht, ziehen wir einen gewissen Nutzen daraus, wenn wir am alten, negativen Verhalten festhalten, so merkwürdig das auch klingen mag.

Viele Menschen weigern sich, gesund zu werden, weil sie an die positiven Effekte ihrer Krankheit gewohnt sind – denn die gibt es ja, selbst wenn wir es kaum glauben können.

Die amerikanische Selbsthilfe-Autorin Lucinda Bassett hat hierzu eine interessante Geschichte erlebt:

> Ein Fernfahrer nahm Kontakt zu ihr auf, nachdem er ihr Programm gegen Angst durchgearbeitet hatte. Er erzählte, dass ihm ihr Programm überhaupt nicht geholfen habe, gesünder zu werden. Sie fragte, ob er gern Lastwagen fahre. Er antwortete: »Ich hasse es!« Lucinda fragte ihn daraufhin, wie er seinen Lebensunterhalt verdiene. »Ich bekomme Krankengeld«, antwortete er.

Kein Wunder, dass er nicht gesund wird! Seine »Belohnung« dafür, nicht gesund zu werden, bestand darin, nicht einer Arbeit nachgehen zu müssen, die er verabscheute!

Um eine neue Gewohnheit zu etablieren, muss ihr eine Belohnung folgen! Wenn Sie eine schlechte Gewohnheit gegen eine gute austauschen möchten, müssen Sie das Belohnungssystem im Gehirn mit etwas reizen, das genauso stark ist wie die alte, alltägliche Gewohnheit. Nur so kann Ihr Gehirn umlernen!

Setzen Sie sich einmal in Ruhe hin und schreiben Sie auf, welche Vorteile Sie davon haben, bei Ihrem negativen Verhalten zu bleiben. Sie müssen aber unbedingt ehrlich zu sich sein!

Es kann dabei zum Beispiel herauskommen, dass Sie mehr Aufmerksamkeit von Ihrem Umfeld erhalten, wenn es Ihnen nicht gut geht. Vielleicht müssen Sie nicht so viel Verantwortung übernehmen, weil Ihr Umfeld Sie schont. Vielleicht gibt es eine ganze Reihe praktischer Aufgaben in Ihrem Zuhause, an denen Sie sich nicht beteiligen müssen, weil Ihre Familie Mitleid mit Ihnen hat.

Ihr Krankheitszustand kann eine Entschuldigung dafür sein, wichtige Dinge nicht in Angriff zu nehmen, wie zum Beispiel den Job zu wechseln, eine unglückliche Beziehung zu beenden oder Ähnliches.

Es ist leicht, anderen die Schuld an den eigenen Problemen zuzuschieben, besonders, wenn man in einer zerrütteten Familie aufgewachsen ist. Versuchen Sie, das, was geschehen ist, zu akzeptieren, sich selbst und anderen zu verzeihen, was war, und weiterzumachen. Vielleicht brauchen Sie dazu die Hilfe eines Therapeuten.

Es kann sehr erschreckend sein, zu erkennen, dass die Verantwortung für sich ganz bei Ihnen selbst liegt. Aber ebenso wundervoll, wie es sich im Moment noch erschreckend anfühlen mag, ist es, die Kontrolle über das eigene Leben zu übernehmen! Wenn Sie sich für positive Veränderungen entscheiden, wachsen Sie als Mensch!

Die Gewinne, die mit einer Heilung einhergehen, sind viel

attraktiver als die begrenzten Vorteile, die Sie durch eine negative, ausweichende Verhaltensweise ziehen können!

Sie müssen lernen, für sich selbst Verantwortung zu übernehmen, und eventuell aufhören, anderen die Schuld zuzuschieben. Sehen Sie ein, dass Sie selbst bestimmen, ob Sie die nötigen Veränderungen machen, um Ihren Stress, Ihre Sorgen oder ein anderes, negatives Verhalten zu minimieren.

> Veränderung und Entwicklung geschehen, wenn ein Mensch das Risiko auf sich nimmt und sich traut, mit seinem eigenen Leben zu experimentieren.
>
> HERBERT OTTO

Sie haben sicher schon einmal gehört, wie jemand sagt: »Ich kann mich nicht ändern«, »Ich bin wie ich bin«, »Du kennst mich doch«, »Das ist eben mein Stil«, »So war ich schon immer« und so weiter. Das ist genau dasselbe, als würde man sagen, man *will* sich nicht verändern, und ist nichts weiter als ein Beweis für die Angst vor der Veränderung. Es zeigt, dass sich jemand nicht weiterentwickeln und als Menschen wachsen will!

Stellen Sie sich vor, das Leben sei wie ein großes Paket mit vielen kleinen Päckchen darin. Sie haben noch nicht alle davon geöffnet. Ihr Widerstand gegen Veränderung verhindert, dass Ihre Neugier nachsieht, was in den übrigen Päckchen steckt. Wenn Sie einmal damit begonnen haben, einige Päckchen zu öffnen, entdecken Sie, dass sie nie zu Ende gehen! Wenn Sie

sie nicht öffnen, verhindern Sie Ihre eigene Entwicklung hin zu einem besseren Leben!

Verschieben Sie Dinge nicht auf morgen, bis Sie gesund sind oder bis irgendjemand anderes die Initiative ergreift. Das Leben ist viel zu kurz, um Dinge immer auf die Zukunft zu verschieben. Versuchen Sie, bewusster im Jetzt zu leben.

Der folgende, wundervolle Text stammt aus Leo Buscaglias fantastischem Buch *Leben, Lieben, Lernen:*

> Du lachst und riskierst dabei, für einen Narren gehalten zu werden. »Ist das so schlimm? Narren haben viel Freude am Leben.«
> Wenn du weinst, riskierst du, für sentimental gehalten zu werden. »Aber ich bin ja sentimental, und es gefällt mir! Tränen können eine große Hilfe sein.«
> Wenn du auf andere zugehst, riskierst du, in ihre Angelegenheiten verwickelt zu werden. »Was ist denn das für ein Risiko? Ich will mich doch mit ihnen beschäftigen.«
> Wenn du deine Gefühle zeigst, riskierst du, dein wahres Selbst zu offenbaren. »Was gäbe es denn sonst noch zu offenbaren?«
> Wenn du deine Ideen und Träume vor der Menge ausbreitest, riskierst du, für naiv gehalten zu werden. »Oh, man hat schon Schlimmeres von mir gesagt.«
> Wenn du liebst, riskierst du, nicht wiedergeliebt zu werden. »Ich liebe nicht, um wiedergeliebt zu werden.«

> Wenn du lebst, gehst du damit das Risiko ein zu sterben. »Ich bin bereit zu sterben. Wagen Sie es nicht, auch nur eine Träne zu vergießen, wenn Sie hören, dass es Buscaglia in der Luft zerrissen hat oder dass er tot umgefallen ist. Er hat es voller Begeisterung getan.« Wenn du hoffst, riskierst du Verzweiflung, und wenn du etwas versuchst, riskierst du das Scheitern. Aber wir müssen etwas riskieren, denn das größte Risiko im Leben liegt darin, nichts zu riskieren. Wer nichts riskiert, tut nichts, hat nichts, ist nichts und wird nichts. Vielleicht weicht er so dem Leiden und dem Kummer aus, aber er kann dann unmöglich etwas lernen, etwas fühlen, sich verändern, wachsen, lieben und leben. An seine Gewissheiten gefesselt, ist er ein Sklave. Er hat seine Freiheit verspielt. Nur wer etwas riskiert, ist wirklich frei. Versuchen Sie es und sehen Sie, was geschieht.

Es geht darum, sich zu trauen, Risiken im Leben einzugehen. Das ist das Ziel im Leben!

Energiediebe

Sie fragen sich wahrscheinlich, wie die Menschen in Ihrer Umgebung reagieren werden, wenn Sie anfangen, sich und Ihr Leben zu ändern. Sie werden sicher positiv reagieren und

Sie mit neuem Respekt behandeln, wenn Sie sich trauen, für sich selbst einzustehen und für sich selbst Prioritäten zu setzen. Diejenigen, die das nicht tun, haben vermutlich Probleme, Ihre Veränderungen zu akzeptieren, weil sie neidisch und missgünstig oder weil sie selbst nicht zu Veränderungen bereit sind. Auf diese Personen können Sie gut verzichten, sie bringen Ihnen nichts Positives, sondern stehlen Ihnen nur Ihre Energie. Diese Menschen finden vielleicht, dass es vor Ihrer Veränderung besser war. Sie sagen möglicherweise plötzlich Dinge, die andere von Ihnen nicht gewohnt sind. Sie tun vielleicht Dinge, die Sie früher nicht getan haben. Diese Menschen finden womöglich, dass Sie egoistisch geworden sind, weil Sie vielleicht plötzlich anfangen, nein zu sagen, und es wagen, Grenzen zu setzen!

Umgeben Sie sich mit Menschen, die Ihnen gönnen, dass es Ihnen gut geht.

Sie müssen sich fragen, wer von Ihrer Veränderung am meisten profitiert. Die Veränderung soll in Ihnen geschehen, in Ihrer Art zu denken, zu reagieren und mit anderen Menschen umzugehen. Wie sehr lassen Sie sich von Ihrem Umfeld beeinflussen? Wie blicken Sie auf sich selbst und auf Ihre Möglichkeiten? Es ist wichtig, dass Sie wissen, was Sie wollen, und dass Sie für das, was Sie tun, einstehen können. Nur so können Sie Ihre Ziele erreichen, denn es sind *Ihre* Ziele und nicht die anderer!

Jeder Tag ist ein neuer Tag, und Sie können entscheiden, wie

Sie ihn erleben möchten. Keine Veränderung passiert ohne harte Arbeit. Voraussetzung dafür ist die Erkenntnis, dass SIE Ihr Leben gestalten können, wenn Sie das wollen, sonst besteht das Risiko, dass es jemand anderes für Sie tut! Und es ist alles andere als einfach, unsere Einzigartigkeit zu behaupten und ganz wir selbst zu sein, wenn die gesamte Gesellschaft darauf ausgerichtet ist, uns zu Kopien voneinander zu machen.

MATS' AUSFLÜCHTE

Ich habe mich selbst oft gefragt, was mir eigentlich der Stress, die Sorgen und Ängste gebracht haben. Damals sah ich nur, dass sie mir schadeten. Heute allerdings ist es mir sonnenklar! Ich entging einer Menge praktischer Verantwortung zu Hause. Ich musste zum Beispiel nicht putzen, waschen, kochen, weil Susan in Elternzeit war! Susan fand es gemein, das von mir zu verlangen, weil ich doch immer so gestresst, müde und fertig war, wenn ich nach Hause kam.

Darüber hinaus habe ich mir auch immer lauter Entschuldigungen zurechtgelegt, damit ich nicht regelmäßig trainieren musste. Dabei war es eigentlich nur Faulheit, mein eigener Körper hatte keine Priorität für mich. Ich fühlte mich unwohl, wenn ich in ein Fitnesscenter gehen sollte, ich dachte, alle dort wären durchtrainiert. Aber wenn ich mich doch mal dorthin geschleppt hatte, trotz Müdigkeit und obwohl ich eigentlich keine Zeit hatte, dann spürte ich, wie gut das Training gegen Stress und Sorgen wirkte.

Jetzt, da es für mich zu einer neuen, positiven Gewohnheit geworden ist, kann mich nichts vom Sport abhalten.

SUSANS NEGATIVES VERHALTEN

Ich habe früher ein negatives Verhalten gezeigt, das sich unter anderem in Aggressivität äußerte. Anscheinend hatte es sich für mich gelohnt, Aggressivität zu zeigen, weil ich so meinen Willen durchsetzen konnte. Ich habe immer hart gearbeitet, wollte alles selbst machen und bestimmen. Mit der Zeit wurde mir immer stärker klar, was ich dadurch gewonnen habe. Wenn ich hart arbeitete, wurde ich gelobt. Ich habe mich gern zu Wort gemeldet und meine Meinung ständig zum Besten gegeben, alles, um nicht oberflächlich, langweilig, unwissend, desinteressiert und so weiter zu wirken. Ich hatte Angst davor, nicht gemocht zu werden. Ich habe mir heute den Großteil dieses Verhaltens abtrainiert, indem ich Schritt für Schritt Kleinigkeiten verändert habe. Ich habe eingesehen, dass man mich auch für Dinge mögen kann, die nichts mit Leistung zu tun haben.
Mats und ich waren, in Absprache mit Julia, gezwungen,

eine Reihe von Veränderungen durchzuführen, um auf ein normales Maß »zurückkommen« und ein befriedigendes Leben leben zu können. Für uns fühlte es sich wichtig an, nicht so übermäßig viel zu arbeiten, und das bedeutete, dass wir unsere Kosten senken mussten. Wir haben unser großes, teures Haus verkauft und ein kleineres, billigeres Reihenhaus erworben. Wir haben jetzt auch nur noch ein Auto, und wir sind unsere weiteren Kosten durchgegangen.
Wir haben viele Veränderungen durchgeführt, um eine bessere Lebensqualität zu erhalten: Wir haben unsere Essgewohnheiten umgestellt und denken nun beim Kochen mehr an die Gesundheit. Wir reden mehr miteinander, wir achten darauf, fast jeden Abend in der Küche ganz in Ruhe zusammen zu essen. Dann können wir das, was am Tag passiert ist, besprechen. Alle haben die Möglichkeit, Dinge anzusprechen, wir sehen uns dann auch bewusst und gehen nicht bloß aneinander vorbei. Wir versuchen, das Abendessen handyfrei zu halten.
Die größte positive Veränderung, die wir für Julia umgesetzt haben, als sie klein war, bestand darin, uns für eine Waldorfschule zu entscheiden. Wir mussten einsehen, dass unsere Krankheitsperioden natürlich nicht spurlos an ihr vorübergegangen waren. Wir hatten das Gefühl, dass sie Ruhe brauchte. Wir schauten uns eine Waldorfschule an und hatten sofort das Gefühl, dass wir dort richtig waren. Wir wussten, dass

Julia dort ihren Tag ruhig und friedlich verbringen konnte und die Aufmerksamkeit bekam, die sie brauchte, egal wie stressig und chaotisch es zu Hause war. Wir haben von den Pädagogen dort viel gelernt und wurden immer wieder daran erinnert, wohin wir uns auf den Weg gemacht hatten.

Seien Sie offen im Geist und lassen Sie sich mitreißen auf die spannende Fahrt, die eine Veränderung und das Etablieren neuer Gewohnheiten für Sie bedeuten. Öffnen Sie weitere spannende Päckchen – sie liegen dort und warten auf Sie!

> Wenn wir alle in dieselbe Richtung gehen, treffen wir einander nie!
>
> UNBEKANNT

SIE VERDIENEN ES, DASS ES IHNEN GUT GEHT!

> Genießen Sie die kleinen Dinge im Leben. Eines Tages blicken Sie vielleicht zurück und erkennen, dass das Kleine das Große war.
>
> UNBEKANNT

Finden Sie, dass das alles ziemlich viel ist? Wir hoffen, dass dieses Buch Sie dazu gebracht hat, Ihre Lebenssituation zu überdenken.

Beginnen Sie damit, sich zu überlegen, was in Ihrem Leben gut ist, und schreiben Sie das auf. Dankbarkeit tut der Seele sehr gut!

Schreiben Sie dann auf, was nicht gut ist.

Wenn Sie das tun, werden Sie den Grund dafür finden, warum Sie Ihre Situation verändern wollen, und dabei auch die Motivation dafür entdecken.

Mit Hilfe dieses Buchs, der Ratschläge und Techniken, die wir beschreiben, können Sie mit Veränderungen beginnen, um Ihre Ziele zu erreichen.

Viel hängt davon ab, für welche Denkweise Sie sich entscheiden. Auf was wollen Sie sich besonders konzentrieren?

Entscheiden Sie sich für das, was in Ihrem Alltag negativ und anstrengend ist, oder für das Positive, über das Sie sich freuen können. Es ist Ihre Entscheidung – niemand sonst kann das für Sie entscheiden! Ihr Stress und Ihre Sorgen werden zum großen Teil von Ihrer Art zu denken verursacht. Es ist nie zu spät, sich zu verändern. Selbst wenn Sie als Kind und Jugendlicher nie gelernt haben, was wichtig war und worauf Sie sich konzentrieren sollten, so können Sie es heute noch lernen.

Wenn Ihre Situation so schwierig ist, dass das Wissen in diesem Buch nicht als Hilfe für Sie ausreicht, haben Sie keine Angst davor, sich an einen Arzt zu wenden. Seien Sie offen und deutlich, sprechen Sie Klartext über Ihre Gefühle und Symptome. Wenn Sie den ersten Schritt gemacht haben, werden Sie große Erleichterung verspüren, und Ihre Veränderung kann beginnen. Wir wissen, dass es möglich ist. Sie sind nicht allein.

Es gibt viel positive Energie und Kraft in allen Menschen. Ein Teil von uns braucht bloß Hilfe, um sie zu finden.

Sie verdienen es, dass es Ihnen gut geht, und Sie können sich verändern!

Es gibt immer etwas, wofür man dankbar sein kann!

> Wenn man verzeiht,
> verändert man nicht die Vergangenheit.
> Man verändert die Zukunft!
>
> UNBEKANNT

WAS WIR GELERNT HABEN

Heute begreifen wir, wie wichtig es ist, positiver und realistischer zu denken. Wir erinnern einander daran, damit wir es nicht vergessen. Wir achten mehr darauf, wie unser Körper reagiert, wenn wir uns nicht »pflegen«, und versuchen, so schnell wie möglich wieder zu einem gesünderen Verhalten zurückzukehren.

Heute trauen wir uns, nein zu sagen. Wir haben geringere Erwartungen, haben gelernt, für unsere Meinungen einzustehen, und wir sind deutlich besser darin geworden, uns selbst zu akzeptieren und zu mögen.

Jetzt stehen wir an oberster Stelle, weil wir wissen, dass unsere ganze Familie davon profitiert. Wir haben heute größeren Respekt füreinander und hören mehr auf die Meinungen des anderen.

Wir erinnern einander an das, was im Leben wichtig ist: dass wir einander haben, dass wir Julia haben, Elsa und Martin, die Kinder, die wir als Kontaktfamilie betreuen, und unsere Eltern und Geschwister. Dass wir gesund sind und wie gut es uns doch eigentlich geht. Wir versuchen, einander aufzumuntern und zu loben und uns mehr umeinander zu kümmern.

Jeden Tag versuchen wir, einander daran zu erinnern, dass

wir bewusster im Jetzt leben sollen. Es ist einfacher, wenn man zu zweit in dieselbe Richtung strebt.

Heute betreiben wir das Unternehmen *Inre Hälsa Utbildning AB* in der *Villa Livskraft,* zehn Kilometer von Kalmar entfernt. In dem alten Haus aus dem 19. Jahrhundert haben wir ein Büro, Atelier, Geschäft sowie Kursräume. Dort bieten wir individuelles Coaching und Paarcoaching an.

Wir betreuen auch das Projekt Friskare Ungdomar, bei dem es um psychische Krankheiten bei Jugendlichen geht und darum, ihnen Lebenswissen zu vermitteln. Wir schicken unser Ausbildungsprogramm an Gymnasien, Volkshochschulen und Sportvereine in ganz Schweden.

Machen Sie die Bewusstheit zu einem natürlichen Teil Ihres Lebens. Es wird Ihr ganzes Dasein verändern.

DANKSAGUNG

Ein Buch zu schreiben ist ein sehr großes Projekt. Wir haben festgestellt, dass wir eine Menge hilfsbereiter Freunde haben. Bei ihnen haben wir Unterstützung, Rat, Wissen und Inspiration gefunden. Ohne sie hätte dieses Projekt nicht entstehen können. Unser besonderer Dank geht an …

Mathias Billmark, für deine Ideen und deine Geduld. Dank deines Wissens und deiner Hilfe ist das Buch so geworden, wie wir es haben wollten.

Gun Dombrowsky Nilsson, für deine Genauigkeit und dein Verständnis für unseren Text.

Eva und Stig Sjöde, für all eure unschätzbar wertvolle Unterstützung während unserer absolut schwersten Zeit. Ohne euch beide wären wir heute kein Paar mehr.

Julia Billmark, weil du so große Geduld mit Mama und Papa und all unseren speziellen Projekten hast.

Ulla Billmark, weil du dich um unseren Hund Alice kümmerst, wenn wir keine Zeit haben, und um all den »Kleinkram«.

Mikael Werthwein, für dein Engagement und deinen Enthusiasmus. Du bist ein echter Freund. Es war ganz wunderbar, während dieser Reise alle Fragen mit dir zu diskutieren, und weil du für uns malst und reparierst.

Pelle Friberg, unser »Mädchen für alles«, der immer da ist und alles repariert, vom Regal-Zusammenschrauben bis zur Computerhilfe beim Buch.

Per Eriksson, unseren Wirtschaftsprüfer, weil du uns vom ersten Augenblick an bei unseren Ideen unterstützt hast.

Olof Enström, für deinen scharfen Blick und deine Schnelligkeit beim Korrekturlesen.

Carolyn Dickman, Lucinda Bassetts Agentin, für deinen inspirierenden Brief, durch den wir unsere Pläne verwirklichten.

Ylva Ellneby, für viele schöne Gespräche und für deinen guten Rat.

Inga-Lill Morén-Hübbinette, weil du als unsere Ärztin sofort erkannt hast, wie ernst unsere Krankheit war.

Tomas »Ironman« Gustavsson, weil du an uns glaubst und unsere Projekte unterstützt.

Jiri Svensson, Mats Psychologe. Ich könnte keinen qualifizierteren und klügeren Therapeuten haben.

Kåre Wahlberg, unseren wunderbaren Vermieter unseres Lieblingsortes auf Öland, wo alle Texte entstanden.

INSPIRATIONSQUELLEN

BASSETT, LUCINDA, *Angstfrei leben: Das erfolgreiche Selbsthilfeprogramm gegen Stress und Panik*. Beltz, 2012.

BELL, ROSAMUND, *Yoga für jeden Tag: Über 50 einfache Übungen für Entspannung, Energie und Wohlbefinden*. Bassermann, 2004.

CHOPRA, DEEPAK, *Lerne lieben, lebe glücklich*. Driediger Verlag 2012.

DAHLÉN, MICAEL, *Nextopia: Freu dich auf die Zukunft – du wirst ihr nicht entkommen!*. Campus, 2013.

WAYNE, W. DYER, *Keine Ausreden! Wie wir destruktive Denkmuster ändern können*. Goldmann, 2012.

WAYNE, W. DYER, *Der wunde Punkt. Die Kunst, nicht unglücklich zu sein*. Rowohlt, 2013.

ELLNEBY, YLVA, *Kinder unter Stress. Und was wir dagegen tun können*. Beust, 2001.

JAMPOLSKY, GERALD, *Lieben heißt die Angst verlieren.* Goldmann, 2005.

KABAT-ZINN, JON, *Im Alltag Ruhe finden: Meditationen für ein gelassenes Leben.* Knaur, 2015.

NILSONNE, ÅSA, *Wer führt Regie in meinem Leben? Kleine Alltagspsychologie,* Goldmann, 2010.

POLLAK, KAY, *Durch Begegnungen wachsen: Für mehr Achtsamkeit und Nähe im Umgang mit anderen.* Irisiana, 2013.

POLLAK, KAY, *Für die Freude entscheiden: Gebrauchsanweisung für ein glücklicheres Leben.* Irisiana, 2014.

RUIZ, DON MIGUEL, *Die vier Versprechen: Ein Weg zur Freiheit und Würde.* Allegria, 2012.

THICH NHAT HANH, *Das Wunder der Achtsamkeit. Einführung in die Meditation.* Kamphausen, 2009.

TOLLE, ECKHART, *Eine neue Erde: Bewusstseinssprung anstelle von Selbstzerstörung.* Arkana, 2015.

TOLLE, ECKHART, *Jetzt! Die Kraft der Gegenwart.* Kamphausen, 2010.

QUELLENNACHWEIS

Der Test auf S. 67 stammt aus Eva Bojner Horwitz, *Kultur För Hälsans Skull,* Stockholm 2011.

S. 71: Eckhart Tolle, *Eine neue Erde* © 2005 der deutschsprachigen Ausgabe Arkana Verlag, München, in der Verlagsgruppe Random House GmbH.

S. 49: Annastina Vrethammar, *Gränslöst Liv,* Västerås 2003.

S. 187: Karl Ryberg, *Färger I Vardagsliv Och Terapi,* Stockholm 1999.

S. 214: Leo Buscaglias, *Living, Loving and Learning,* New York 1982.

REGISTER

Personen

AUF DEN FOLGENDEN SEITEN NOTIERE ICH MIR, WAS ICH NOCH STÄRKER ÜBEN MUSS …

Notizen